中华文明圣地
良渚申遗纪实

杭州市政协文化文史和学习委员会　编

杭州出版社

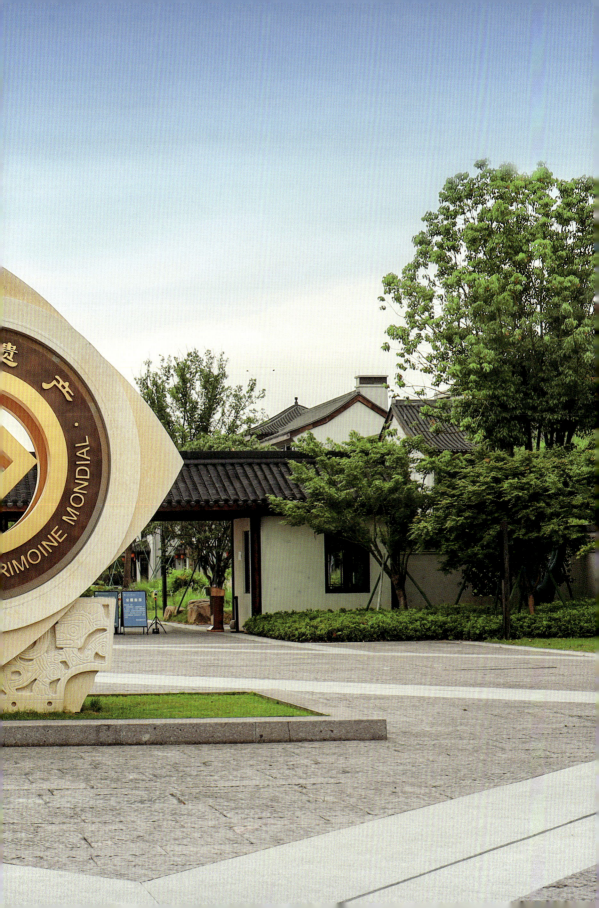

前　言

　　世界文化和自然遗产是人类文明发展和自然演进的重要成果，也是促进不同文明交流互鉴的重要载体。保护好、传承好、利用好这些宝贵财富，是我们的共同责任，是人类文明赓续和世界可持续发展的必然要求。在举世瞩目的杭州第 19 届亚运会开幕式上，水墨西湖呈现国风雅韵，光影运河辉映华夏古今，薪火良渚点燃星灿夜空，人们看到了中华文化的源远流长、生生不息。这场独特的人文盛宴，勾勒出中华五千年灿烂文明的盛世风华，向世人彰显着"何以中国"的文化自信，也传递着文明交流互鉴、创造美好未来的共同愿景。

　　文化瑰宝、智慧结晶，世界遗产是先人创造并遗留下来的宝贵财富，是一个国家和民族文明延续、生生不息的内在脉络与创新创造的动力源泉。2011 年 6 月 24 日，"西湖文化景观"圆梦巴黎，杭州首个世界文化遗产诞生。2014 年 6 月 22 日，中国大运河，"花开多哈"，终成流动的盛宴，世界的运河。2019 年 7 月 6 日，阿塞拜疆巴库，"良渚古城遗址"牵手世界，五千年中华文明迎来高光时刻。西湖文化景观是自然与人文完美融合、和谐共生的典范，是持续性创造的"中国山水美学"景观的最经典作品。中国大运河是古代劳动人民创造的伟大水利工程，为国家统一、民族融合、经济发展、文化交流和科技进步作出了巨大的贡献。良渚古城遗址是实证中华五千年文明史的圣地，在中华文明探源工程中占有举足轻重的地位。

文化遗产蕴含着一个民族的精神基因和历史记忆，也是一座城市文化软实力的深厚体现。杭州，作为首批国家历史文化名城、"中国七大古都"之一，有着赓续千年的文明传统、山水园林的美学典范、"诗意中国"的东方意境和奔竞不息的创新活力，历史与现实交汇，自然与人文交融，浸透着江南韵味、凝结着世代匠心，向世界展现着东方文化的独特韵味和别样精彩。

"杭州素有'人间天堂'美誉，湖光山色、人文美景俯拾皆是。""杭州是中国的一个历史文化重镇和商贸中心，有千年以上的历史。"西子湖畔、钱江两岸，凝结着习近平总书记的真情厚爱和殷切期望。不论是在浙江工作期间还是到中央工作，文化和自然遗产的保护、传承与弘扬，在总书记心中重若千钧。他曾多次对杭州文物古迹保护、历史文脉挖掘和中华文明风采展示作出重要指示批示，亲自指导擘画这座历史文化名城的发展蓝图。

一枝一叶总关情。如何做好西湖文化的保护、传承、利用，习近平总书记一直挂念在心。"历史文化名城是杭州的'灵魂'，西湖是杭州的'生命线'。""要把保护放在第一位，对西湖风景名胜区内的生态环境、自然景观、文物古迹等尽最大努力予以保护。""切实保护好、管理好、利用好西湖，更好地发挥西湖在展示中华文化、促进世界文化交流中的积极作用。"

让古老大运河焕发时代新风貌，习近平总书记念兹在兹，深深牵挂。"把运河真正打造成具有时代特征、杭州特色的景观河、生态河、人文河，真正成为'人民的运河''游客的运河'。""大运河是祖先留给我们的宝贵遗产，是流动的文化，要统筹保护好、传承好、利用好。""大运河文化是中国优秀传统文化的重要组成部分，要在保护、传承、利用上下功夫，让古老大运河焕发时代新风貌。"

留住文化根脉、守住民族之魂，是习近平总书记的所思所行。"良渚遗址是实证中华五千年文明史的圣地，是不可多得的宝贵财富，我们必须把它保护好！""申报项目要有利于突出中华文明历史文化价值，有利于体现中华民族精神追求，有利于向世人展示全面真实的古代中国和现代中国。"

三项世界遗产已成为杭州的金名片，是杭州作为历史文化名城的重要标志，是杭州城市文化软实力的重要支撑，也是中华民族共有的精神财富，更是世界投向中华文明的认同与赞许。

"历史文化是城市的灵魂，要像爱惜自己的生命一样保护好城市历史文化遗产。""让收藏在博物馆里的文物、陈列在广阔大地上的遗产、书写在古籍里的文字都活起来。"沿着总书记指引的方向，加强文化遗产保护，把老祖宗留下的"根"和"魂"保护好、传承好、利用好，是我们的共同责任，也是人类文明赓续和世界可持续发展的必然要求。

2023 年 9 月，习近平总书记在浙江考察时强调，浙江要在建设中华民族现代文明上积极探索。要更好担负起新时代新的文化使命，赓续历史文脉，加强文化遗产保护，推动优秀传统文化创造性转化、创新性发展。运用杭州亚运会亚残运会、世界互联网大会等窗口加强文化交流传播，不断提升中国文化感染力和中华文明影响力。浙江省委书记易炼红在杭州调研时指出，习近平总书记对杭州明确提出"四个杭州"的定位和"四个世界一流"的要求，赋予杭州"历史文化名城、创新活力之城、生态文明之都"的城市定位。杭州要充分彰显其厚重的历史文化底蕴，深化文化遗存挖掘、整理、研究，持之以恒铸文化之魂、强文化之基、兴文化之业，做深做实

"传承弘扬"和"活化利用"两篇文章，要加强文物和文化遗产保护利用，更好展现中华优秀传统文化的永恒魅力和当代价值，加快打造浙江文化新名片新品牌。

"作为省会城市，杭州应在保护文化遗存、延续城市文脉、弘扬历史文化方面，发挥带头作用，做得更好。"打造一流历史文化名城是习近平总书记对杭州的殷殷嘱托。浙江省委副书记、杭州市委书记刘捷在世界文化遗产保护传承利用座谈会上强调，杭州要积极参与推动中华文明探源工程，充分发挥世界遗产综合效应，守好"真山真水"，促进"人、水、城"共生共荣，持续擦亮世界级文化金名片，把蕴藏在遗址文物资源中的文化基因、文明记忆、民族精神挖掘好、梳理好、阐释好。杭州要加快构建世界遗产群落，推进文化遗产的活化利用，推动城市历史文脉薪火相传，代代守护。使命贯通历史、现在和未来——杭州正精心书写古韵新章，将世界遗产"串珠成链"，传承、守护、共享世遗价值，向世界名城的道路上步履不停，大步前行。

承百代之流，会当今之变。杭州，是一座历久弥新的城市，有传承文化基因、保护文化遗产、弘扬人文精神、探索发展路径的历史责任。为了让这份遗产记忆更好地成为我们城市的生命力、创造力和凝聚力，为了铭记为申遗付出的不懈努力和艰辛历程，市政协组织作家采访、编撰了"杭州申报世界文化遗产纪实丛书"，以纪实文学的手法展示杭州三项世界遗产的"来龙去脉""前世今生"、申遗过程中的难忘点滴和动人故事。这既是对申报世界遗产工作的梳理和回望，更是市政协发挥文史工作专长，促进历史文化名城建设的生动实践，充分体现了市政协在推动文化繁荣过程中的责任与担当。这套丛书的出版，让这一段可歌可泣的宝贵历史成为一份永不磨灭的文明薪火，让今天和未来的每一个杭州人，在坚定文化自信中当好中华文明的薪火传人。

锦绣繁华看不尽，最是人间新天堂。杭州感怀深情厚意，迎着西子湖畔的晨光、向着钱塘潮涌的方向，厚植历史文化名城特色优势，赓续历史文脉，守正创新，担负起新的文化使命，在新的起点上继续推动文化繁荣，在历史进步中建设中华民族现代文明，在奋力谱写中国式现代化浙江新篇章中挑大梁、当先锋、打头阵，在中华文化璀璨的画卷上，留下浓墨重彩的一笔，为世界奉献一个锦绣繁华的人间新天堂，创建一个传统文化与现代文明相融合的城市新范例。

目　录
CONTENTS

序章

　　光影流转，云卷云舒，坐落于里海西岸的阿塞拜疆首都巴库（Baku）
在海天一色的天光云影里悄然苏醒，绿茵掩映的古建筑群错落在柔软明媚
的晨光里，静谧而安然。高高耸立于港湾之上的希尔凡宫气势恢宏，饱经
沧桑的少女塔迎风而立，古城墙吟唱着动人的歌谣，从遥远的 12 世纪蹒跚
走来……悠久历史的巴库古城，得益于里海盆地的石油资源，已在日新月异
中发展成为外高加索第一大城市。老城和新城并存，奢华和前卫交错，古
典与现代碰撞，错落有致的清真寺、宫殿群、古典民居和高楼林立的现代
建筑群遥相辉映，竟也相得益彰。

　　眸光从巴库城头渐渐内移，定格在 2019 年 7 月 6 日，第 43 届世界遗
产大会现场。

　　当地时间上午 9 点 50 分左右，中国代表团一行抵达巴库会议中心，国
家文物局局长刘玉珠、中国联合国教科文组织全国委员会秘书长秦昌威、
中国驻联合国教科文组织代表沈阳和浙江省、杭州市相关领导在世界遗产
委员会委员国中国席位上就座。10 点，世界遗产大会开始审议世界文化遗
产申报项目。10 点 29 分，开始对良渚古城遗址项目进行审议。世界文化
遗产评估机构 ICOMOS（国际古迹遗址理事会）代表首先对遗产的真实性、

第43届世界遗产大会现场

完整性和保护有效性进行了说明。国际古迹遗址理事会认为这个遗产已经证明了它的真实性和完整性，而且符合标准三和四，遗产的边界是合适的，保护管理是可以被接受的，建议将中国良渚古城遗址列入《世界遗产名录》。接着，大会主席请诸委员国发表意见。话音刚落，紧接着的情形将大会气氛迅速推向了高潮，这是大家都没有想到的。一般在如此严肃的会议上，当一个项目进行到委员国发表意见环节，最多也就两三个委员国附议一下，只要没有反对意见就可以宣布通过了。然而，良渚古城遗址的这一环节，有10个委员国竞相发言，真诚的赞美、全力的支持、充分的肯定和衷心的祝贺声不绝于耳。

时间来到阿塞拜疆时间上午10点42分，北京时间下午2点42分，大会主席阿布尔法斯·加拉耶夫宣布没有反对意见全体通过，然后微笑着敲下木槌，庄严宣告良渚古城遗址正式列入《世界遗产名录》。

历经数年磨砺，一朝光耀世界，至此，良渚古城遗址申遗成功！全场掌声雷动，经久不息！2000多人的会场内欢腾雀跃，激动难已，"China!（中国）""Congratulations!（祝贺）"，久久不停。

这个时候会议有点乱了，主席就放松了一段时间，多国代表涌向中国代表席位表示热烈祝贺。会场内全体中国代表团成员更是特别兴奋、特别激动、特别自豪，起立鼓掌，有序挥动国旗，展示横幅，热烈庆祝。

待现场稍微平息下来，阿布尔法斯·加拉耶夫主席邀请中国常驻联合国教科文组织代表沈阳致答谢辞，国家文物局局长刘玉珠代表中国政府发言。刘玉珠难掩激动，声情并茂地说道：

良渚古城遗址是中国20世纪的重大考古发现，是见证中华5000年文明荣耀的遗迹，今天成功列入《世界遗产名录》，我谨代

中国代表团热烈庆祝

表中国政府对世界遗产委员会给予该项目的评价和认可表示衷心的感谢！对国际古迹遗址理事会专业严谨的评估表示由衷的敬意！借此机会，也向承办此次会议的阿塞拜疆人民致以诚挚的谢意！

中国加入《世界遗产公约》以来，世界遗产从无到有，类型不断丰富，成为中国向世界展现其悠久历史和多元文化的生动窗口，在推动不同文明交流互鉴方面，发挥了不可替代的作用。

中国政府将一如既往地做好世界遗产的保护管理工作，同时进一步加强与相关国际组织的深度合作，在世界文化遗产领域承担更多的责任，与各国人民一道，共同守护好人类共同的文化家园。

参会代表团有序离开大会会场后，大家的心情依然久久难以平复，在会场外再次进行了简单而有仪式感的庆祝，也留下了历史性的照片。

良渚古城遗址被列入《世界遗产名录》后，浙江省委、省政府给第43届世界遗产大会浙江代表团发来了贺电：

第43届世界遗产大会浙江代表团：

欣闻良渚古城遗址申报世界遗产项目今日在联合国教科文组织第43届世界遗产大会上审议通过，谨向你们表示热烈祝贺！向所有为申遗工作作出贡献的专家学者和工作人员致以崇高的敬意！向所有关心支持申遗工作的国内外各界人士表示衷心的感谢！

良渚古城遗址是人类早期城市文明的杰出范例，是实证中华五千年文明史的圣地。此次申遗成功，标志着中华五千年文明史得到国际社会的一致认可，是中华儿女坚定文化自信、探索中华文明起源取得的又一重大成就，对于向全世界推介良渚文化遗址、展示中华悠久文明、增强中华文化国际影响力具有重要意义。此次申遗成功，必将进一步提升浙江和杭州的知名度、美誉度和影响力，为加快建设文化浙江增添新的动力，为推进"两个高水平"建设提供有力支撑。

良渚古城遗址申遗成功，是以习近平同志为核心的党中央坚强领导、亲切关怀的结果，是国家有关部门悉心指导、大力支持的结果，是省市区各级党委政府和广大干部群众不懈努力、辛勤付出的结果，是各方面专家学者潜心研究、深入挖掘的结果。希望杭州市和省市文化文物部门以申遗成功为新起点，牢记习近平总书记关于良渚遗址保护研究的重要指示精神，恪守国际遗产公约，高标准全方位保护好良渚古城遗址这一文明瑰宝，高水平研究和发掘良渚文化的独特价值，进一步擦亮良渚遗址这张世界级文化金名片，为保护和利用人类文化遗产、传承和弘扬中华文明作出新的更大贡献。

中共浙江省委

浙江省人民政府

2019 年 7 月 6 日

当地时间晚上 7 点 30 分，由杭州市委、市政府主办的良渚古城遗址推介会在阿塞拜疆首都巴库希尔顿酒店简单而又隆重地举行，通过嘉宾发言、图片模型展览、文创产品展示等形式，向 250 余位中外嘉宾生动展示了 5000 多年前中华文明灿烂辉煌的一页。会上，与会嘉宾一同观看了良渚古城遗址专题片，震撼的内容让会场响起了热烈的掌声。浙江省文物局副局长郑建华宣读了省委、省政府贺电，联合国教科文组织世界遗产中心亚太部主任景峰、中国驻阿塞拜疆大使馆代办李劲松、中国驻联合国教科文组织代表沈阳、阿塞拜疆国家旅游局国际关系部部长贾米拉·塔丽布杰德、国家文物局局长刘玉珠等先后致辞。

从 1994 年良渚遗址被列入中国世界文化遗产预备名单起，一直到 2019 年 7 月 6 日完美画上句号，多年夙愿一朝实现，文明圣地惊艳世界。

"良渚古城遗址代表了长江流域对'多元一体'的中华文明起源作出的卓越贡献，是东亚和中国 5000 多年前史前稻作文明的最高成就，是人类文明史上早期城市文明的杰出范例。"联合国教科文组织如是评价良渚古城遗址。

良渚古城遗址成功列入《世界遗产名录》，以"实证中华五千年文明史的圣地"之名亮相世界舞台。魅力杭州至此拥有西湖、大运河和良渚古城

良渚古城遗址

遗址 3 项世界文化遗产，成为国内仅次于北京、与洛阳并列数量第二的世界文化遗产城市。

美轮美奂的玉器、气势宏伟的三重城、规模宏大的水利工程……从源远流长的历史长河里从容走出的良渚古城遗址，在历史的书页上镌刻下伟大的史前稻作文明和城市文明浓墨重彩的一笔。文明的曙光在这里冉冉升起，在这片总面积为 1433.66 公顷的广袤土地上，瑶山片区、城址片区、谷口高坝片区和平原低坝——山前长堤片区错落排开：公元前 3300 年—前 2300 年的城址恢弘气势犹在；功能复杂的外围水利工程令人啧啧惊叹；等第繁多的墓地暗含阶级之别；晶莹剔透的玉器雕刻纹饰繁密，线条工整。

承载灿烂文明，传承历史文化，维系民族精神。良渚，这一美丽的水中小洲，神秘的面纱在时光的流转中被一层层撩起，其玉器之美，其宫墙之盛，全人类都为之震撼，全世界都为之沸腾。

时光倒退回 1959 年底，在长江下游地区考古工作座谈会上，中国社会科学院考古研究所副所长夏鼐先生首次公开提出了良渚文化的命名，并沿用至今。

从最初被定位为中国最重要的一支古文明，到"中华第一城"——良渚古城以惊艳之姿重现世间，良渚古城遗址被奉为实证中华五千年文明史之圣地，成为中国古文明的重要源头。经过数十年的考古发掘与倾力保护，如今的良渚文化早已覆盖长江下游环太湖流域、钱塘江流域，其地域之广阔，其文明之兴盛，无不令人惊叹！良渚如玉，千年磨砺，温和润泽。历经五千年时光淬炼，美丽之洲闪耀出灼灼文明之光，良渚古城遗址更在举世瞩目中再现风华，一举登上世界级殿堂。

在良渚古城遗址申遗成功前，习近平总书记曾两次亲临良渚调研，先后九次作出重要指示、批示。良渚，这一中华文化瑰宝在历史璀璨的长河中，其地位不言而喻，其分量无庸赘述。

最值得称道的是，良渚古城遗址作为实证中华五千年文明史的圣地，将中华史前文明又向前推了一千年。

5000年前，纵横交错间水网密布，日升月落里顺时而动，良渚先民就是在这样一片肥美的水土上耕耘劳作，创造了辉煌灿烂的物质文明，留下了数之不尽的文化遗产。五千年风雨兼程，一路行至现代，如今的美丽之洲上不仅青山绿水犹在，鸟语花香依旧，那些埋藏在地下的、沉睡过数千年不变的宝藏更让人惊喜、惊叹、惊艳。

遥想80多年前，施昕更、何天行的热爱和执着，坚守和投入，不经意间撩起了这位来自远古强大神王之国的睡美人神秘面纱的一角，前赴后继的考古专家们又呕心沥血了80多年时光，倾尽全力将其唤醒。恍如远古智慧之神的美丽少女，至此汇入现代文明洪流之中，和我们一起携手，并肩走向世界。

从此，良渚文明被认定为世界文明发展史上具有开源性的、举足轻重的一章，并因其独有的亮丽宏伟、光彩夺目而被载入史册。

如星河璀璨，如繁花初绽，良渚，深邃是你，神秘是你；儒雅是你，恢弘是你；灿烂是你，臻美是你。

大地上的
曙光

第
一
章

从字面上去理解，良渚，就是美好的水边。这样好的名字，在中国，在江南比比皆是，但当这个词跟文明和文化相关联时，却又是相当有幸的。

良渚人施昕更的释名则被看作是颇为权威而美好的："渚者，水中小洲也；良者，善也。"

后来，对余杭的地名有一个形象的诠释，先是叫藕花洲，后来称美丽洲，前者颇有古意，后者则更多地借鉴了良渚之名的含义。

从地名和名称讲，良渚一名几乎完美。这不等于说河姆渡、马家浜和钱山漾这些名字不美，只是说当一个地名除了赋予地理意义之外，还有着某些让人产生联想的功能，这就是千里挑一的。

说到良渚这个地名，便要讨论良渚人的问题，即良渚人从何而来，祖先是谁，下传何族？

当然，谁都不可能给出明确答案，正如我们现在所知的"建德人"的概念也仅仅是来自一枚犬齿化石。然而当我们把话题放到人类学和中华文明探源的大框架下去考量，这样的探寻是有意义的。

实际上，这个问题也是大家关注的问题，因为对全中国和全世界的人来说，都有同样的困惑——

良渚在哪里？

良渚和良渚文化是怎样的关系？

良渚文化和良渚古城遗址又是怎样的关系？

良渚古城遗址，究竟是何等模样？

还有：良渚古城为何消失，良渚人去了哪里？

从良渚文化到良渚文明，实证中华五千年文明史的圣地，追根问源，如何将中华五千年文明史溯洄一个新纪元？

漫漫申遗路，多少有识之士，一身家国，满腔热血，风雨兼程，共襄良渚古城遗址列入世界文化遗产名录之盛事，我们该如何来描述？

1. 从仰韶到殷墟

良渚遗址的发现与中国现代考古学的兴起关系密切，而要说到中国现代考古学，那就得从仰韶文化的发掘说起。

仰韶文化首先是在河南省渑池县仰韶遗址发现的，仰韶遗址位于渑池县仰韶乡境内，距县城 10 千米。而仰韶遗址的发现得从瑞典地质学家安特生说起。

1918 年，中国地质调查所聘请的顾问安特生前往河南调查古脊椎动物化石。1920 年，安特生派助手、地质调查所采集员刘长山到河南采集动物化石。刘长山跟随安特生工作多年，对古生物化石和史前石器很有研究，他在洛阳西部收集石器，主要任务是收集第三纪脊椎动物遗存。刘长山在渑池县仰韶村住了 3 天，在采集到不少动物化石的同时，意外发现了一个古文化遗址。此前，仰韶村的农民已经在这个遗址上零星发现并收藏过许多石器。刘长山询问了石器的出处，实地调查了村南的石器出土地点，亲自采集了部分器物，并把在农民家里看到的史前石器搜集起来或买下来，然后雇村民王兆将采集到的600多件石器（其中石斧、石刀居多）及少量陶器运到渑池县政府第三科，装箱后用火车发运到在北京的中国地质调查所。

安特生根据刘长山的发现和调查结果，初步推断仰韶村可能存在一处规模相当大的新石器时代遗址。1921年4月18日，安特生在取得了中国政府同意后，亲自到仰韶村调查。同年10月27日至12月1日，在安特生的主持下，与中国考古学家袁复礼一起对仰韶遗址进行考古发掘。发掘结束后，经过系统的研究，安特生初步认为仰韶遗址是一个远古文化，并按照当时国际上的考古学惯例，将其命名为"仰韶文化"。

仰韶文化作为中国新石器时代重要的考古文化之一，分布于黄河中下游及其边缘地区，仰韶文化绝对年代在公元前4933年—公元前2923年之间，其延续时间约2000年，加上零口二期一类遗存的年代，其年代上限当为公元前5000年。

仰韶遗址的发现与发掘影响重大，意义深远。仰韶文化是中国考古史上第一个被正式命名的远古文化，标志着中国史前考古学及中国近代考古学的诞生，第一次宣告了中国蕴藏着丰富的新石器代的文化遗存。仰韶文化的发现对当时的中国古史研究影响极大，使中国史前史的研究有了可靠的实物证据，对于重建古史、探寻中华文明的源头意义重大。同时，在仰韶村的考古发掘中

仰韶遗址出土的陶器

首次引入了地质学、生物学等学科的成果，这种多学科合作的研究方法，后来成为中国考古学的研究传统。

而真正由中国人主持的考古发掘还是河南安阳小屯村的殷墟遗址。

1899 年，国子监祭酒王懿荣在检视药材时发现了刻有文字的甲骨，经过数位学者的整理研究，最后确认甲骨文是商王室文字。甲骨文被发现后的很长一段时间内，学者们并不知道它明确的出土地点，直到 1908 年，罗振玉在经过多年的探寻后，终于知道甲骨文的确切出土地为河南安阳小屯村。1928 年，中央研究院历史语言研究所委派董作宾在安阳小屯村进行试掘，次年，时任中央研究院历史语言研究所考古组主任李济到达安阳亲自主持了殷墟的发掘工作。后因战争原因，发掘被迫中断。此次发掘，出土了大量都城建筑遗址和以甲骨文、青铜器为代表的丰富的文化遗存，系统地展现了中国商代晚期辉煌灿烂的青铜文明，确立了殷商社会作为信史的科学地位。1961 年 3 月，殷墟遗址被列入首批全国重点文物保护单位。2000 年，殷墟被考古学界评为"中国 20 世纪 100 项考古大发现"之一。2006 年 7 月 13 日，殷墟遗址被列入《世界文化遗产名录》。

而说到殷墟考古，必需要说到一个人，那就是李济。

李济，湖北钟祥郢中人，人类学家、中国现代考古学家、中国考古学之父。1911 年，李济考入留美预科学校——清华学堂，1918 年毕业后官费留美，在位于马萨诸塞州的克拉克大学攻读心理学，次年改读人口学与社会学研究生课程。1920 年，获得社会学硕士学位后，转入美国哈佛大学，攻读人类学专业，获哲学博士学位。

1923 年，李济回国，任南开大学人类学、社会学教授。并于 1924 年开始进行田野考古。1925 年，29 岁的李济任清华大学国学研究院人类学讲师，与著名的四大导师（梁启超、王国维、陈寅恪、赵元任）同执教鞭。1926 年，李济主持发掘山西夏县西阴村新石器时代遗址，此为中国学者最早独立进行的考古发掘。1928 年，李济应傅斯年之邀，加入新成立的中央研究院历史语言研究所考古组，并于次年初出任考古组主任。此后，主持并参加了安阳殷墟、章丘城子崖等遗址的田野考古发掘，使得中国的考古发掘工作走上了科学轨道，并培养出中国第一批水平较高的考古工作者。

著名作家曹聚仁在其《听涛室人物谭》一书中专文写到过李济，其中有这么一段：

殷墟发现的甲骨

　　在历史考古这一专门学科中，李济博士该是过去的权威。在王国维以后即便不能说是第一人，至少是这一部门的"白眉"。……李济的审慎周到，颇有清代朴学大师的风度。从 1929—1938 年那十年间，他所领导的在殷墟（安阳）所做的田野发掘工作及研究，这才使我国的考古工作走上正常的轨道。

曹聚仁在文章中甚至还拿李济与胡

殷墟出土的司母戊鼎

适进行比较，说胡适虽然名气很大，但要论学术成就，李济却比胡适要高。李济后来虽然随中央研究院、中央博物院暨故宫博物院迁台，但他的学生多数留在了大陆，之后逐渐成为中国考古界的顶梁柱。

2. 城子崖遗址发掘

城子崖遗址，属新石器时代遗址，位于山东省济南市章丘区龙山街道龙山村东北，巨野河东岸、胶济铁路的北侧，总面积22万平方米。1928年，考古学者吴金鼎在进行古迹调查时发现了城子崖遗址。1930年，中央研究院历史语言研究所与山东省教育厅联合对城子崖遗址进行了考古发掘。城子崖遗址可分为周代城址、岳石文化古城、龙山文化古城等3层，出土有陶器、石器、蚌器和少量铜器。1961年3月，城子崖遗址被列入首批全国重点文物保护单位。2021年10月18日，入选全国"百年百大考古发现"。

1934年，中央研究院历史语言研究所出版了中国考古报告集之一《城子崖（山东历城县龙山镇之黑陶文化遗址）》，李济担任该书的总编辑，编辑有梁思永、董作宾，书的作者有傅斯年、李济、董作宾、梁思永、吴金鼎、郭宝钧、刘屿霞等。《城子崖》一书，是中国第一部田野考古报告，对后来施昕更撰写《良渚——杭县第二区黑陶文化遗址初步报告》（以下简称"《良渚》"）一书影响甚大。

今天当我们在讲述故事时提到仰韶遗址、殷墟遗址和城子崖遗址考古发掘，一是说明中国现代考古的起点在哪里，二是想证明中国考古人的代际传承，三也是想抛出一个问题，即以上所述的考古发掘，皆是在黄河流域的北方地区，那么长江流域的南方地区，地底下会没有宝贝？

这个问题也曾让早期的中国考古人产生过困惑，包括土生土长的良渚人施昕更。在中国北方考古成果迭出之时，南方考古学界却还是

城子崖遗址出土的黑陶器

一片寂静。所幸太阳总会升起，在南方，在环太湖流域，从20世纪30年代初，已呈霞光乍现、碧波荡漾的景致，后来历史学家用了一个相对形象又准确的说法，称那一片光为文明的曙光。

3. 吴越史地研究会和南方考古的兴起

要说起中国南方的考古，我们得先从湖州的钱山漾遗址说起。1934年，湖州人慎微之在他老家发现了钱山漾遗址，当时的他是之江大学教育系主任。

钱山漾的考古发掘颇有意思，它跟后来良渚的考古发现颇有相似之处：都是发现者在自己家乡所获得的成果。

慎微之曾记述了钱山漾遗址的发现经过：

> 公元1906年（其时慎微之11岁），暑期中，余在湖州府归安县（今为吴兴区所辖）一百二十八庄泗水庵堡，现属吴兴县，双潊乡约二里许之钱山漾滩游玩，无意中拾得箭头一个，在当时童子目中，尚不知该石器对于我国文化之价值，就认为普通圆石子供玩弄而已。越八年，肄业于杭州蕙兰中学（今杭二中），在历史

课本中读得古代人类曾经使用过石器之时期。始对于石器，引起关切之注意。嗣后升入沪江大学，曾选读社会之进化科，于是对于研究故乡所发现之石器，更感浓厚兴趣，加以时见报载各地古物之出土消息，故每逢寒暑假返家时必作进一步之搜集。无如在冬季则钱山漾已凝结成冰，而在夏季，则水位太高，以致无从着手。迨公元 1934 年，适值大旱，湖中水位已落至 1857 年以来最低度。干涸见底之面积,全湖总积之三分之二。余乘此良机冒暑拾集石器，不经发掘，即能获得大量石器，诚天假之缘也！

年来拾集之石刀、石镰、石斧、石凿、石钺等石器，已有 300 余种。业经国内外考古学家苏惠培氏、安特生氏、格拉汉氏、张凤博士及卫聚贤先生等加以鉴别。

慎微之还特别指出"各件不但石料有 20 余种，而式样亦不一"，根据他的研究判断，"有属于旧石器时代者，有属于新石器时代者……"

钱山漾遗址的考古发现，意味着在中国南方大地上，特别是在今杭嘉湖一带，史前时代并不是一片空白。1935 年，杭州在进行古荡老和山公墓的建设时，发现了石器和陶器碎片，西湖博物馆遂开始在古荡进行挖掘工作。古荡遗址出土了很多文物，大都是一些石器、陶器碎片等。

参加这次发掘的工作人员中，有一个叫施昕更的。他是余杭县良渚镇人。这次考古发掘出土的文物中，有几件引起了他的注意。

同年，考古学者们又发现了上海金山戚家墩古文化遗址。

这些考古遗址的发现，促成了吴越史地研究会的成立。吴越史地研究会为中国南方的考古发掘和研究，做好了人才和理论准备。

说到吴越史地研究会，还得说说蔡元培先生。关于他执掌北京大学的故事实在太多，在此不赘述，现在我们只说一下在他执掌中央研究院期间成立吴越史地研究会的事情。

钱山漾遗址出土的鱼鳍形足鼎

1936 年 8 月 30 日，吴越史地研究会在上海举行成立大会，蔡元培任大会主席，他在致辞中说：

今日为吴越史地研究会举行成立会，同人等发起。斯会宗旨，实缘自古荡、钱山漾、绍兴、金山等处，先后发现古人石器、陶器后，颇足供历史上参考价值，证明江浙两省在五六千年以前，已有极高文化。当非如传说所云：在春秋时代，江浙尚为野蛮之区。现该项古物，遗留在江浙各地者，当必甚多，深望本会成立后，各地会员能继续多发现，以供研究，借以明了历史演化及先民生活之情况。

蔡元培所提到的古荡、钱山漾、绍兴、金山等处，皆在吴越地区，用今天的话讲，就是长三角地区，这些地方出土的一些新石器时代器物，跟此前出土的一些新石器时代器物，既有相同之处，又有所不同。也就是说，诚如城子崖的龙山文化有别于仰韶文化，那么古荡和钱山漾又有别于仰韶文化和龙山文化，这就为良渚文化的考古发现作好了铺垫。

吴越史地研究会是由吴稚晖、叶誉虎和卫聚贤等先生联合倡议而成立的，是中国南方考古兴起的一个重要标志。根据卫聚贤在《吴越考古汇志》中所说："我们在江南发现了很多石器时代遗址，但是自觉仍不能决定江南石器的年代，于是有组织团体，俾共同研究之必要。"

吴越史地研究会成立后，由卫聚贤任总干事。

卫聚贤是个奇才，1927年毕业于清华大学国学院，是王国维的弟子，堪称中国考古学的奠基人之一。他著作等身，为人也极有个性，连中专文凭都没有的他，却进了清华的研究院。他早年曾有一个化名叫鲁智深，便可看出他的不同寻常。吴越史地研究会的会刊《说文月刊》封面用汉洗，花纹是鹿鱼，取其谐音"禄余"，即是用他自己的俸禄之余。但其实已占了他薪水的一半，他还要编辑其他书籍，尤其是抗战全面爆发后，研究会的工作可以说是更加艰难了，这个我们从施昕更《良渚》的序言中即可看出。但令人欣慰的是，在那国难当头烽火连天的岁月里，我们的考古工作者和仁人志士仍在守护着他们心中的神圣事业。

卫聚贤治考古学的主要观点中特别值得一提的是他主张中国文化源于东南沿海，而非传统的单纯由中原辐射至四方的习说。他认为，南洋土族与吴越俱为一民族，并从南京栖霞山、杭州古荡、余杭良渚、苏州石湖、金山卫戚家墩、常州淹城、湖州钱山漾、福建武平等遗址的考古发掘论证黄河流域石器文化乃由东南沿海而来，且吴越民族与殷商、南洋土族俱为同一渊源的支脉。这与现在的考古学界逐渐认同的中国新石器时代之多元性、共生性结论相符。

卫聚贤的这一理论为施昕更、何天行的良渚考古作了理论上的铺垫。

正是由于他们的拓荒和奠基，中国考古人薪火相传，代代皆有独特的贡献。

4. 从"满天星斗"到"重瓣花朵"

苏秉琦的"满天星斗说",将中华文明分为六大区块,结束了"黄河文明一元中心"的传统说法。而夏鼐留学伦敦大学,以埃及考古学博士学位毕业,回国后主持新中国考古事业,彰显了用多学科考古的国际惯例。

生于 1909 年的苏秉琦先生是新中国考古学的主要奠基人,考古学"中国学派"的倡导者,北京大学考古学科的创办人,为北京大学考古学科的发展奠定了基础。苏秉琦高屋建瓴地归纳出中国文明火花爆发的三种形式:裂变、撞击和融合。

众所周知,苏秉琦有着"六大文化区系说",又被称为"满天星斗说"。1981 年,苏秉琦发表了《关于考古学文化的区系类型问题》,把中国大地上的史前文化划分为六大区系:第一以长城地带为重心、红山文化为代表的北方;第二以关中豫西晋南为中心、仰韶文化为代表的中原;第三以洞庭湖和四川盆地为中心、大溪文化为代表的西南;第四以山东为中心、北辛—大汶口—龙山文化为代表的东方;第五以太湖为中心、良渚文化为代表的东南;第六以鄱阳湖—珠江三角洲一线为主轴、石峡文化为代表的南方地区。六大区系并不是简单的地理划分,主要着眼于其各有自己的文化渊源、特征和发展道路,且各类型之间存在着发展的不平衡性。六大文化区系说的提出,打破了传统的"中原中心论"和"黄河中心说",由此确立了中国史前文化

苏秉琦

发展演进的大致时空框架。

苏秉琦很早就关注到良渚文化的问题。1977年，苏秉琦在良渚说了一段很有意思的话："我本来是想说良渚是古杭州。你看这里地势比杭州高些，天目山余脉是它的天然屏障，苕溪是对外的重要通道。这里鱼肥稻香，是江南典型的鱼米之乡，杭州应该是从这里起步的，后来才逐渐向钱塘江口靠近，到西湖边就扎住了。"苏秉琦的话，不仅显示了他开阔的地理视野，也显示了他宏大的历史视野。

对此，浙江大学的陈志坚副教授认为，从更大的地理视角来看，良渚和杭州市区确实是非常相近的。在古代，一个城址移动，相差十几里之远也是很正常的现象。良渚和杭州，是一个动态的城市发展过程。上述苏秉琦的观点完全可以成为我们理解古杭州的一个纲领性意见。

而只比苏秉琦小一岁的夏鼐，是新中国考古工作的主要指导者和组织者，中国现代考古学的奠基人之一。胡文怡在《认识夏鼐——以〈夏鼐日记〉为中心》一书中有这样一个有趣的说法：

> 李济是"中国考古学之父"，梁思永是"中国田野考古学之父"，都有开拓与奠基之功；傅斯年则是"中国考古学之相"，有辅佐与兴盛之功；而胡文怡认为，夏鼐是"中国考古学之师"，此"师"不仅是"老师"，亦是"工程师"。迄今为止的中国考古学，大部分都是在夏鼐倾其毕生所学而设计的蓝图之下，由他一手指导、教授和审改出来的。

夏鼐1934年清华大学历史系毕业之后，赴英国留学，1939年获英国

伦敦大学埃及考古学博士学位，是我国
第一位埃及考古学博士。夏鼐曾获英国
学术院、德意志考古研究所、美国全国
科学院等 7 个外国最高学术机构颁发的
荣誉称号，主要著作有《考古学和科技
史》《中国文明的起源》《考古学论文集》
《夏鼐文集》等。

夏鼐

　　夏鼐十分重视在考古研究中应用现
代自然科学方法。曾参加和主持殷墟，
埃及艾尔曼特，巴勒斯坦杜布尔，河南
辉县商代、战国至汉代的遗址和墓葬，
北京昌平明定陵，长沙马王堆汉墓等一系列重大考古发掘工作。他曾确认
仰韶文化早于齐家文化，纠正了瑞典考古学家安特生关于甘肃新石器时代
文化分期上的错误。他还发表了一系列关于星图、蚕桑丝绸及晋周处墓金
属带饰的论文，为中国科技史研究作出了重要贡献。

　　纵观夏鼐的学术生命，良渚文化一直占有重要地位。1957 年，夏鼐在
《浙江新石器时代文物图像》序言中提出，浙江良渚等地出土的黑陶和山东
龙山文化不同，而且还出土了别处不曾见到的"三角形石刀"等。1959 年
12 月 26 日，他在长江流域规划办公室文物考古队队长会议上作题为《长江
流域考古问题》的讲话时说道："太湖沿岸和杭州湾的良渚文化，是受了龙山
文化影响的一种晚期文化。"这就明确地把良渚文化从龙山文化中分离出来，
使其单立门户，有了自己的"户口本"。很快，这一认识就被学界广泛接受。

　　1977 年 7 月，夏鼐在《考古》杂志发表的《碳 -14 测定年代和中国史

前考古学》一文中进一步指出，良渚文化的延续时间达 1000 年左右，即公元前 3300—前 2250 年，"相当于黄河流域的河南龙山文化和山东龙山文化，而开始的时代则要较早"。1983 年，在论述"中国文明的起源"时，夏鼐又提出良渚文化是与中国文明起源问题关系最密切的史前文化之一，良渚文化的玉璧、玉琮、玉钺等是探索中国文明起源的重要线索。他还说过："从前我们认为良渚文化（约公元前 3300—前 2250 年）是我们所知道的长江下游最早的新石器文化，并且认为良渚文化是龙山文化向南传播后的一个变种。实则这里是中国早期文化发展的另一个文化中心，有它自己独立发展的过程。"

在苏秉琦"满天星斗说"和夏鼐"中国文明起源"相关论述之后，1986 年 6 月，严文明在一场国际学术研讨会上首次提出了中国史前文化的"重瓣花朵"格局：中心位置在中原，好比花心；围绕中心的黄河流域和长江流域为主体文化区，就好比内圈的花瓣；在这一圈花瓣的外面还有很多文化区，从东南顺时针数有闽台、粤桂、滇、藏、新疆、内蒙古、东北等，这些文化区好比是外圈的花瓣。花心与内圈花瓣、外圈花瓣共同构成中华文明的整体，既是统一的，又是多元的。严文明先生先后发表的关于良渚文化与良渚遗址的学术论文与随笔超过 10 篇，其学术思想，包括考古学理论与方法、文化谱系、聚落考古、文明起源、古史的考古学观察、大遗址保护等诸多方面，与良渚文化与良渚遗址的研究有着千丝万缕的深刻联系。这些理论学说，为良渚进一步的考古发现和申遗奠定了理论基础。

5. 良渚人施昕更发现良渚遗址

从某种程度上来说，良渚遗址的发现是偶然的。这么说是因为施昕更是良渚人，他参加了古荡老和山遗址的发掘工作，他从古荡发掘出来的文物中，想到了自己老家良渚可能也会有点什么，因为他在良渚看到过这些东西，特别是黑陶，于是便开始了他的发现之旅。

要叙述施昕更和良渚文化的关系，先得从 1929 年的首届西湖博览会说起。

人们往往会以为首届西博会只是一次物产的博览大会，这的确是博览会的原意，但如果对西博会了解得稍稍多一些，就会发现它还是一次文化博览会、教育博览会，甚至是先进潮流之博览会。

施昕更的第一份工作就是在西博会获得的。当时的他是西湖博览会艺术馆甲部的一名管理员，具体负责杂务课的工作。这里有一个值得注意的细节，如果按照他所学的专业，似乎更应该去丝绸馆和工业馆当管理员，但他却选择了艺术馆，也许是他本身太喜欢艺术了。

西湖博览会有"艺术品研究报告"，报告中涉及金石、古玉、书画、陶器、瓷器等珍品，根据其报告和图片，专家认为那时陈列的古琮就是良渚玉琮，只是当时人们认为良渚玉琮是周朝的礼器，这当然只是推论。如果这个推论能够成立的话，就要为我们的良渚文化发现者施昕更补上一笔，即施昕更不仅是后来在古荡的考古发掘中看到了跟家乡良渚一样的陶器，而且是早在西博会期间，就已经看到过家乡的出土文物了，不只是陶器和石器，还有玉琮。

西博会闭幕之后，为了保存那些征集来的展品，便成立了浙江西湖博物馆。西湖博物馆一开始由省政府直属管理，后由省教育厅管理，所以我们便可理解，为什么施昕更的《良渚》一书是由省教育厅出资出版的。

当时的博物馆主要设两个部，一是历史文化部，一是自然科学部；

后者又设三个组，一是动物组，一是植物组，一是地质矿产组。施昕更是地质矿产组的助理之一，其职责为矿物采集、整理、陈列、记录和绘图。他一开始的研究课题就是跟地质矿产相关的，他发表于《浙江西湖博物馆馆刊》第一期（1932年）的《地质矿产组回顾与展望》一文应该说还是颇为举重若轻的。这篇文章主要回顾了那些年在盛莘夫组长率领下的野外考察工作情况。而对他本人来说，从跟着组长到单飞，便是一个成长成熟的过程。

而从矿石标志到黑陶陶片，倒也都是一锹一铲的结果。施昕更求知欲强，还肯向人求教。为了调查良渚一带的地质和文物状况，他曾拜访过良渚白泥矿矿主、安溪金仙寺的老和尚，还拜访过有挖掘玉器经验的农民。

后来西湖博物馆的馆长、与地质矿产组组长盛莘夫同为宁波奉化人的董聿茂，也是施昕更的伯乐。施昕更常把从良渚捡回的一些黑陶碎片和有脚缺顶的黑陶盘子等器物拿给董聿茂看，向他请教。在董聿茂的鼓励下，施昕更回良渚试挖，收获不小。后来看到《城子崖》一书后深受启发，打算将良渚的发掘情况也写成报告，写作期间也得到了董聿茂不少指点。

并非考古学专业出身的施昕更，因为参与了1929年首届西湖博览会相关展陈工作，而迈进了考古学的大门，之后他参与了师长们对古荡老和山新石器遗址的考古挖掘。其实他早就发现老家良渚一带有人在贩卖玉器、黑陶和石锛等

良渚出土黑陶器

文物，那么良渚文物跟古荡老和山的文物有什么关联呢？正是这种巨大的好奇，以及不可名状的热情和动力，让施昕更时常夜不能寐，他在思考、研究和比较，他在奋笔疾书，终于写出了惊世之作《良渚——杭县第二区黑陶文化遗址初步报告》。也就是在这一年，抗日战争全面爆发，他本人也随浙江博物馆撤至浙南的温州瑞安，也许《良渚》一书的卷首语可以看出他的内心情怀，这仿佛不是一部考古报告的前言导语，而是一部诗集的卷首语。这则卷首语有一个题目，叫《谨以此书纪念我的故乡》，他是这样写的：

这本报告，是随着作者同样的命运，经过了许多患难困苦的历程，终于出版了。虽然是值得欣慰的事，但是此书既成，反不忍卒读，更感慨万端！遥想这书的诞生地良渚已为敌人的狂焰所毁灭，大好河山，为铁骑残踏而黯然变色，这报告中的材料，也已散失殆尽，所以翻到这书的每一页，像瞻仰其遗容一样的含着悲怆的心情。

我们上古的祖先，坚忍的开辟了这广漠的土地，创下了彪炳千秋的文化，我们今日追溯过去，应当如何兢兢业业地延续我们民族的生命与光荣的文化呢？可是，我们现在的子孙，眼看到这祖先开辟遗下的国土，一天天的沦亡，我们的文化，也被敌人疯狂的摧残，这正是存亡绝续的重大关头。

然而，中国绝对不是其他民族可以征服了的，历史明明告诉我们，正因为有渊源悠久、博大坚强的文化，所以我们生存在这艰巨伟大的时代，更要以最大的努力来维护来保存我国固有的文

《良渚——杭县第二区黑陶文化遗址初步报告》

化，不使毁损毫厘，才可使每一个人都有了一个坚定不拔的信心！

抗战时期内，一切都需要重新建立起来，而学术工作，同样的也仍欲继起滋长，不断进展，因为我们除军事上的战争外，政治上，经济上，文化上，都需要战争，才可握最后

的胜算。

这本报告，在抗战期内重新付印，在民族上，文化上的认识，也有不平凡的意义，印刷的经过，在这里应该有附带说明的必要。

这报告最初在杭州付印，后因制图版颇费周折，之后照片制版交上海科学公司承印时，沪战爆发，以致延误甚久，始克完成，但在杭印刷的字版，及锌制图版，在形势危急中无法抢出，而我们也不得不抛弃了相依为命的研究室，到迁徙流亡的途中。不过科学工作人员必须以最后一课的精神，在烽火连天中继续我们的工作。本馆馆长董聿茂氏，觉得这报告既已大部完成，以免功亏一篑计，命我重新整理旧稿，付印问世，并承董馆长以校稿呈视浙江省教育厅请求印刷，所以此书之成，实赖教育厅之力甚大，特以志感谢之忱。

最后，我这样冥想着，良渚遗址初步发掘是完成了，而我还盼望第二次在良渚发掘的时候，在焦土瓦砾中，找出敌人暴行的

铁证，同胞血和泪的遗迹，供世界正义的批判，这意义比较起来是更加重大罢！

二十七年八月重印

昕更志于瑞安

读完此卷首语，我们便能理解施昕更是一个怎样的人，一个怎样的良渚人，一个怎样的中国人，也能理解那是一个怎样的时代，那是一个沦亡和希望同在的时代，是一个遗容和新生共存的时代。抗日战争期间，政府和有识之士还花了大力气转移包括《四库全书》在内的国宝典籍。同样的，在那样一个艰难时世下，省教育厅还能拨款出版施昕更的《良渚——杭县第二区黑陶文化遗址初步报告》一书，这个功劳是无论怎么说都不为过的，这也是抗战的最终目的，不仅为收复国土，更是为了传续文脉。

《良渚》一书在上海付印时，施昕更迫于生计，去瑞安工作。不久，便投笔从戎，任县抗日自卫队秘书。1939年5月，施昕更因积劳成疾，无力医治，病逝于瑞安医院，年仅28岁，葬于瑞安县西山。

讲述施昕更的故事，包括后面我们还要讲的何天行的故事，这证明了良渚的考古发现，既有一定的偶然性，又有一定的必然性。施昕更在自己的家乡发现良渚遗址，这是偶然的；而中国考古人薪火相传，

施昕更像

这又让良渚遗址的发现成为一种必然。从这个背景来看良渚遗址的考古发现，等于从中国来看良渚，因此良渚的故事，必然是中国故事的一部分，即良渚文化实证中华五千年文明。这个五千年或者更多年，有时候关键也就那么几年的机遇，所以我们要提 20 世纪 30 年代，要提后面的八九十年代，也要提 2019 年以及之前申遗的日子。

前文在讲述良渚文化发现人施昕更的故事时，已经带出了中国考古简史的话题，并简述了李济、卫聚贤以及吴越史地研究会的事略，而接下来还必须提到一位重量级的人物，他的名字叫何天行。

对于良渚遗址的考古发现来说，施昕更与何天行就像是夜空中的双子星座，他们几乎在同一时间把目光盯住了良渚这块土地，然后拿出了沉甸甸的成果。

据曾任杭州良渚遗址管理区管理委员会（简称"良渚遗址管委会"）主任的张炳火介绍，施昕更与何天行是同一年发表关于良渚文化的文章的，也都是发表在《时事新报》上的，施昕更的《远古文化遗址试掘简录》之一、之二分别刊登于 1937 年 4 月 14 日和 4 月 21 日，而何天行的《史前遗存与黑陶文化》刊登于 1937 年 5 月 19 日。

所以说施昕更与何天行是良渚文化发现的双子星座，应该是大家可以接受的一个提法。

何天行出身于名医世家，他的父亲是杭州著名的中医兼书画名家何公旦，世居福缘巷（今在杭州市上城区）。他是公旦长子，少时聪慧，却走了当时颇为新兴的考古学之路。公旦的女儿何愔后来嫁给了潘天寿。公旦的另一个儿子何任则是浙江中医药大学的创始人，是当年浙江的国医大师。

在何宝康的笔下，父亲何天行的简历是这样的——

何天行（1913—1986），字摩什，幼名无双，1913 年 10 月 10
日生于杭州福缘巷世医之家……父亲自幼勤奋好学，5 岁上私塾识
字，8 岁进杭州大塔儿巷正则小学读书，14 岁进杭州梅登高桥盐
务中学读书，学名扶桑。座右铭言："君子受乾阳健行之气，不可
以息。"17 岁以同等学力考入上海大同大学预科，改名何天行，字
摩什，后又入上海中国公学。1935 年中国公学停办，经教育部大
学甄别考试，以中国文学系第一名转学至复旦大学四年级，读文
学、历史、考古等课程，1936 年毕业。毕业后由祖父介绍至浙江
省财政厅工作。次年任上海沪江大学国文讲师。1944 年任浙江云
和联立中学文史地教员。1945 年任西湖博物馆历史部主任。1948
年国立艺术专科学校从重庆回杭州复校后，兼任图书馆主任。1949
年任浙江大学人类学系古器物学兼职教授、西湖博物馆专门委员，
并加入中国人类学会、中国史学会。1950 年任浙江省博物馆历史
文化部主任。1952 年聘用于上海市文化局。1956 年聘用于东北人
民大学图书馆。1957 年后在家休养著述，1986 年病故。

1935 年 5 月至当年年底，何天行已经在古荡、良渚和长命桥等地发现
石器与黑陶，并将这些情况告诉了卫聚贤。卫聚贤在 1940 年发表的《中国
东南沿海发现史前文化遗址的探讨》中提到了这些事："同时何天行先生他
也是杭县人，他在五年前在上海听我讲考古学这一门课程，感到兴趣，也
在良渚作试掘的工作。除发现石器及黑陶外，并发现了一个黑色的陶器卮

的边沿上有花纹，并有九个文字。"

除将所发现的情况告诉卫聚贤外，何天行的精力重点放在对采集到的实物资料进行整理和研究上，尤其是对那只良渚出土、刻有 10 个文字的椭圆形黑陶盘。他查阅了大量资料，将黑陶文字与金文、甲骨文作比较，发现其中有 8 个甲骨文同形字、3 个金文同形字。他便认为，从形体观察，这些象形文字不独比春秋时越国所传鸟篆等铜器铭刻为早，且当在甲骨文之先。他说："在江南竟发现有这样原始形的象形文字，无疑是考古上的创见！"

1936 年，何天行随身携带良渚出土的黑陶到南京的中央研究院访晤董作宾、梁思永两位先生，得到了他们的礼遇和好评。董作宾认为，黑陶盘上的文字不容易识读，但也是应当引起重视的。前辈的鼓励使何天行深知这些发现对研究中国古史的重要意义，于是便着手写作《杭县良渚镇之石器与黑陶》考古报告。

而这本《杭县良渚镇之石器与黑陶》是作为吴越史地研究会丛书第一种推出的，因此得到了蔡元培先生的高度评价，他还为该书题写了书名。

吴越史地研究会为此书撰写的卷首语中说："本会会员何天行先生，近在杭县良渚发现石器与黑陶，其可贡献学术者有二：一为打制石器……一

有刻划符号的陶器

为黑陶文字，见首图，沿边两处共有十个字，其字在甲骨文以前，为中国最古文字。现在何先生将他发现的石器及黑陶，发表报告，作为本会丛书第一种，这次黑陶文字的发见，是极可惊喜的，以后希望各会员大家起来，从事调查与研究，使本会更能够多有几种丛书出来，对于吴越古文化问题，就容

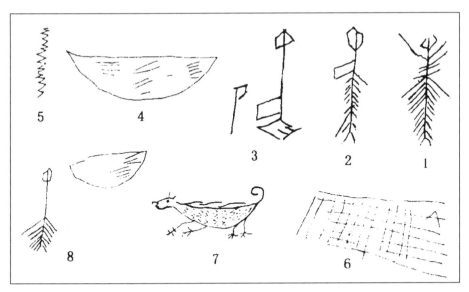

陶罐刻符

易解决了。"

这本书共分五部分：第一为"绪言"，第二为"遗址的发现"，第三为"地层的大概"，第四为"遗物的种类"（分为石器与陶器两部分阐述），第五为"结语"。最后，还附有卫聚贤的《中国最古的文字已发现》一文。该书出版于1937年4月，"当时预定先印五百本，其中五分之一用道林纸与铜版纸印，其余以报纸与铜版纸印。书出版后一部分由卫聚贤从吴越史地研究会分赠国内外学术界和个人，一部分经由上海作者书社经售"。1937年7月，江苏研究社出版的《吴越文化论丛》也刊登了"吴越史地研究会出版书"售书目录，中有"《杭县良渚镇之石器与黑陶》，何天行编，上海白克路复兴书店代售"。该书以中英文对照的形式出版发行，1939年就流传到了海外，是较早将良渚文化介绍给世界的一本著作。

对何天行的考古发现，后世学者给予了很高的评价。

《杭县良渚镇之石器与黑陶》

考古学者吴汝祚认为："这不仅是最早介绍良渚遗址的一本考古著作，而且在当时深受学术界重视，被誉为具有创见性的作品。"

考古学者石兴邦说："这次发现和成果，诚如先生所言：'就中国文化的起源和发展而论，不啻为东方古文化奠一新的基础和途径。'"

毛昭晰先生在为《何天行文集》所写的序中说："先生的这一论点是在我国田野考古工作刚起步时提出的，后来的考古发现证明先生的意见是完全正确的。"

在中国考古学史及许多国内外知名学者有关良渚文化的论述中，均提及何天行发现良渚的石器、黑陶及对黑陶文字的研究。

几乎与何天行的发现同时，1936 年 12 月 1 日至 1937 年 3 月 20 日，施昕更也对良渚—杭县第二区黑陶文化遗址进行了试掘，收获颇丰。1936 年 12 月 23 日《东南日报》曾对施昕更的此次试掘作过报道。何天行在《杭县良渚镇之石器与黑陶》一书成书前，将这最新报道的部分内容作为例证转引在书中"遗址的发现"一节中加以证实。

这也足以证明，良渚遗址考古的双子星座，几乎是同时同地在进行着良渚文化的研究，不仅他们的老师是同一批，他们所受的影响也是同一源流的，而且他们同为杭州人，施昕更还是良渚本地人。

虽然何天行在不到 40 岁就被迫离开了考古工作，但他作为一名考古学者，一直还在进行考古研究，那就完全是"一个人的考古"了。那些年他曾到绍兴、余姚、上虞、余杭、临平、萧山等地调查，发现了许多新石器时代文化遗址遗迹，在《考古通讯》和《江西历史文物》等杂志上陆续发表了《萧山湖岸发现新石器时代陶片》《浙江上虞发现晋代瓷器遗址》《临平发现新石器时代陶片》《浙江塘栖发现新石器时代遗址》《亚与夏》等文章。其中，《萧山湖岸发现新石器时代陶片》一文为最早发现跨湖桥遗址的记录，1990 年、2001 年两度考古发掘证实跨湖桥遗址为距今8000 年的新石器文化遗址。

所以，在杭州历史文化研究者周膺看来，"何天行是良渚遗址和跨湖桥遗址最早的发现者"，这是周膺写在《何天行文集》编后记中的第一句话，周膺说："他在 1935年和 1955 年就对良渚遗址和跨湖桥遗址进行考古调查，发表了考古报告或考古通讯，对良清文化和跨

何天行

湖桥文化提出独特的见解。何天行对其他中国文明起源阶段的文化，特别是夏、商、周三代文明也有许多综合性研究成果。早在 20 世纪 40 年代提出的陕西一带应有西周占卜甲骨的推断，由 50 年代、70 年代的考古发掘得到证实。何天行还对其他考古学、历史学、文学问题有较广泛研究。"

由此可知，早期对良渚文化的发现最有贡献的是两个人，一个是施昕更，这是大家所知道的，另一个就是何天行，这是好多人所不知道的。他们堪称良渚文化的双子星座，只是有的时候聚光灯会集中打在一个人的身上，另一个人就看不见了，或者说被遮蔽了，但是当历史大幕徐徐拉开之时，参与这部大戏的人都将登上舞台一一亮相，这也是我们希望看到的一幕。

6. 弹指一挥五十年

从 20 世纪 30 年代中期到 80 年代中期，良渚考古可以说是弹指一挥五十年。

我们知道，20 世纪 30 年代中后期，中华民族进入了全面抗战阶段，施昕更不幸早逝，整个 40 年代，由于战争等原因，地上的战火必然会影响地下的发掘，良渚遗址的考古发掘被迫中断。1949 年 10 月 1 日，中华人民共和国成立，百废待兴，万象更新，新中国的考古事业也步入了正轨，太湖流域的考古发现也是捷报频传。

20 世纪 50 年代中后期，考古工作者先后在良渚朱村坽等地发掘出土了大量文物，良渚遗址再度受到了考古学界的关注。通过与其他史前文化的比较，学者们对良渚遗址所代表的史前文化的认识逐渐深入。中国现代考古学的奠基人之一夏鼐在 1959 年底正式提出"良渚文化"的名称。之后，考古工作者先后对苏家村、桑树头、吴家埠等地的良渚文化遗址开展发掘，出土了大量石器、玉器、陶器等器物。夏鼐、曾昭燏、苏秉琦、牟永抗、佟柱臣等考古学家均发表了相关研究成果，讨论良渚文化的时代、序列、特征、性质等。通过研究，学界对良渚文化的认识愈加深入，逐步归纳出良渚文化的内涵，了解了其与同一区域其他文化的前后承续关系，以及与同时代其他文化之间的差异，判定良渚文化是长江下游太湖流域史前文化发展水平最高的阶段。

值得一提的是，夏鼐正式提出"良渚文化"的名称的两年后，即1961年，浙江省人民政府已将良渚遗址列为省级重点文物保护单位。王宁远在2016年发表的《良渚遗址考古的历程、思路与方法》一文中指出："现在看来，那些地点（即良渚考古的第一阶段〔1936—1985〕发掘的遗址）都是良渚古城外围的基层小聚落，未能发掘出玉器等高等级器物。而传世和出土的大量良渚玉器当时都被认为是周汉时代的遗物。因此，对良渚文化的认识，是根据黑陶等线索与山东龙山文化进行联系，认为良渚是龙山文化南渐的结果。新中国成立后，在良渚地区的发掘也比较零星，增加了一些新的遗址点，至1982年初，共发现遗址20余处。这个阶段可以称为'遗址点'的阶段，对良渚遗址的认识刚刚起步，考古工作关注单个遗址本身，区域性的总体认识还无从谈起。"

提到王宁远，还必须提到一个人物——牟永抗。1963年，良渚遗址发掘过程中发生了一个小误会：当时刚刚年满30岁的牟永抗带队在良渚遗址进行考古发掘时，挖出了半件玉琮。凭之前的经验和文献记载，牟永抗认为这半件玉琮为西周文物，为此颇为自责，认为是自己未将地层清理干净，才导致良渚地层中混进了其他时代的器物。

| 良渚玉玦 | 良渚玉镯

| 良渚宽把杯

| 良渚陶罐

然而十年之后，牟永抗的自责就被另一个考古发现冲得烟消云散了——1973 年，江苏吴县草鞋山遗址良渚文化层出土了大量玉琮、玉璧等玉制礼器，这说明长期被视为"周汉古玉"的玉琮实际上有着更久远的历史。牟永抗当年挖出的玉琮，正是新石器时代良渚文化时期的代表性器物。

1979 年，浙江省文物考古研究所（以下简称省考古所）正式成立，良渚文化的考古工作成了新成立的省考古所工作的重要内容。1979—1986 年，省考古所陆续在浙北地区发掘了一些小型良渚文化遗址，并对良渚地区进行了首次系统调查。当时对良渚文化到底在哪里，没人说得清。领队王明达带着 8 名考古队员，分成东、西两组，各拉一个板车，板车上放着锅碗瓢盆，还有铺盖，晚上吃路边店，住供销社小店存放货品的阁楼。就这样，他们走了 20 多天，跑了 8 个乡镇，调查范围从东边的勾庄到西边的彭公村，最终新发现了 30 多处遗址。

1981 年，省考古所对余杭吴家埠遗址进行了大规模发掘后，花 5000元钱在吴家埠发掘现场遗址旁边租了一家砖瓦厂的土地，盖了房子，建立了浙江省第一个考古工作站——吴家埠工作站，为良渚文化考古工作的长期开展奠定了重要基础。这个阶段，虽说也有成绩，但是与兄弟省市相比，良渚遗址考古还属于默默无闻的阶段。

当时在江苏、上海等地，都已经相继发现了良渚文化遗址，特别值得一提的是 1973 年发掘的江苏吴县草鞋山遗址。在这次发掘过程中，在良渚文化地层的贵族墓葬中，发现了琮、璧、钺等随葬玉礼器，从而首次确立了以往被误认为是周汉玉礼器的玉琮的真正历史坐标。该遗址分为五个区，文化堆积层厚 11 米，可分 10 层，从马家浜文化、崧泽文化、良渚文化到

良渚文化主要遗址点与社会等级分布图

春秋吴越文化，整个序列几乎跨越太湖地区乃至长江下游一带新石器时代到先秦历史的全部编年。因其堆积厚、内涵多，也被中国考古界称为"江南史前文化标尺"。

1977 年和 1979 年，南京博物院和吴县文管会在江苏苏州吴中区张陵山西山进行了两次发掘。1982 年和 1984 年又对东山进行了发掘。张陵山遗址文化层堆积厚约 8.4 米，清理出了新石器时代墓葬 14 座、春秋时期吴国墓葬 1 座和西晋砖室墓 5 座。新石器时代墓葬有崧泽文化墓葬 8 座，良渚文化早期墓葬 6 座。

1978、1979、1982 年由南京博物院发掘的江苏常州寺墩遗址，是中国长江下游新石器时代崧泽文化和良渚文化的遗址，面积约 6 万平方米。发现了随葬玉璧、玉琮较多的良渚文化时期墓葬。良渚文化层的年代，据碳 14 技术测年并经校正，为公元前 2790 年左右。

1979 年开始发掘的上海青浦福泉山遗址，年代距今约 4300 年。它从 1979 年进行试掘，1982 年做了第一次发掘，1983—1984 年又进行了两次发掘，两次合计发掘面积 1350 平方米，清理出崧泽文化墓葬 16 座、良渚文化时期墓葬 10 座、战国墓葬 3 座、西汉墓葬 46 座、唐宋墓葬各 1 座，以及良渚文化晚期大土坑 1 个，出土石、陶、玉、骨、铜器和象牙雕刻器共 1000 余件。

以上这些遗址的考古发掘，进一步确证了琮、璧、钺等玉礼器是良渚文化的特征之一，这极大地丰富了良渚文化的内涵。

当时的情况是，良渚文化的命名地良渚"两手空空"，而周边地区却成果颇丰，这于浙江考古界而言，那肯定是压力巨大的，但是考古这种事情的前提，必须是地下有东西，到了合适的时机，或者说天时、地利、人和都

良渚玉璧

良渚玉钺

具备的条件下，自然就出来了。如果说老底子的农民是靠天吃饭的话，那考古就是靠地吃饭。

这个说法的另外一层意思是，无论靠天还是靠地，还是得有点运气成分的。那么在努力不懈的前提下，运气来了，剧情反转的时间也马上就要到了。

良渚考古
发掘

第二章

对于良渚遗址来说，申遗的前提是考古发掘，而考古发掘有许多未知的因素。所以换一种说法，考古发掘也得有天时、地利、人和的诸多因素，首先一切都得按照法律来，这法律就是《中华人民共和国文物保护法》，说白了，得依法考古，正如依法保护考古遗址一样。

从1936年发现良渚文化遗迹，到1959年正式命名良渚文化，再到2007年良渚文化的提法出现在中学历史课本中，还是跟"曙光"一词连在一起的，即良渚已经呈现中华文明的曙光，但要把这曙光上升为一轮太阳且冉冉升起，那还得做多少事情啊，而且有些事情不是说想做就能做成的。

1. 反山发现王陵

新中国成立后良渚文化遗址的发掘，江苏、上海等周边地区成果颇丰，发现并发掘了数个良渚文化遗址，出土了大量文物，但良渚文化的命名地良渚却收获不多。这一现象在1986年发生了变化，而这一年恰好是良渚文化发现的50周年。

中国有个不成文的习惯，凡是重要节日的逢五逢十，一般是要大庆的，而 50 年即半个世纪，更是重中之重。1986 年是良渚文化发现的 50 周年，该年初，浙江省文物局决定在 11 月举办相关的纪念活动，活动包括举办大型的良渚文化学术研讨会，届时，国内外考古专家、学者将齐聚杭城，交流分享考古研究成果，共商良渚遗址保护大计。

作为东道主，浙江考古工作者拿什么样的学术成果来迎接这次盛会呢？

在环太湖流域，良渚文化的考古发现已经四处开花了，这让浙江考古人在思考，以牟永抗、王明达为代表的良渚遗址第二代考古人发现了一个现象，即江苏、上海所发现的大量随葬玉礼器的良渚文化贵族墓葬，有一个显著的共同点，那就是都埋在当时人工营建的高台土墩上，形成一座座在江南平原上被称为"山"或"墩"的土台，苏秉琦先生将其形象地比喻为"土筑金字塔"。

"土筑"意味着是人工营建的"山"或"墩"，那么良渚有没有这样的"山"或"墩"呢？

有啊！反山就是。

这里所说的反山，包括后面将要提到的瑶山、汇观山、莫角山，其实都是"墩"或"丘"的样子，后来发现它们都是人工台基。

而且时机也来得非常巧。当时长命乡农机厂要转产，要筹建长命制动材料厂，选中了反山周围的大片土地。时为省考古所文保通讯员的费国平就是长命乡的雉山村人（长命乡后来并入瓶窑镇），他及时向省考古所汇报了这一消息，如果说也是一篇"通讯"的话，那实在胜过千金万金。

获知这一信息后，省考古所的王明达和芮国耀迅速来到反山现场踏勘，发现有一些碎小的红烧土颗粒和炭粒，偶尔也能见到一些属于良渚文化的小陶片。这些线索使他们推测反山不是自然形成，而是良渚文化时期人工堆筑而成的。根据《文物保护法》的规定，他们立即要求厂方暂不在反山动土，等待发掘后再行商议，同时向国家文物局提出发掘申请。

申请反山发掘的"发掘目的、要求和计划"栏目中，写明"据草鞋山、福泉山等良渚文化墓葬的发掘，我们认为反山亦可能是一处重要的良渚文化墓葬，即'土筑金字塔'"。这说明兄弟省市在草鞋山、福泉山的考古发掘，对良渚考古是有着极大的参考借鉴作用的。

1986 年 4 月 22 日由文化部签发（1988 年后改由国家文物局签发）的考古发掘证照"考执字〔1986〕第 183 号"，正式批准了反山发掘项目，由王明达担任领队，队员有芮国耀、刘斌、杨楠、费国平等同志。芮国耀和刘斌因另有安排，发掘开始阶段未去工地。

从这份名单可以看出，良渚遗址的考古发掘研究工作，我们所谓的四代考古人，分工并不分代，尤其是二、三、四代，由于年代相去较近，一直都是传帮带协同作战，而且健在的第一代考古人也一直在幕后起着引领和指导作用。在考古行业，这样的传帮带比任何一个行业都来得重要。

反山遗址发掘的 30 多年后，王明达撰写了《反山良渚"王陵"发掘记》一文，收录于《良渚遗址保护口述史》一书中。

在引述王明达先生的文字前，我们先来读一段文史专家、《杭州日报》资深媒体人姜青青的文字，因为他是当年《杭州日报》最早报道良渚反山发掘的，且他的描述颇有现场感：

那是 1986 年 6 月中旬的一天，在当时的余杭县良渚反山的一块不大的田地上，我随一大群文博界专家一起在观摩良渚文化的考古新发现。因为跑园林文物线的缘故，杭城一些文物专家和我熟稔非常。这次他们听说在良渚有重大考古发现，也就捎带上了我这个朋友，一同赶赴现场先睹为快。上了大客车举目望去，就我一个记者，这心里的激动可想而知。作为记者的本能，顺手把那台时刻随身的日本"亚西卡"照相机挂上了肩头。

"你！你是哪里的？"

一声冷不防的断喝，让我顿时成了四五十双眼睛的焦点。一位卷起裤脚管的中年男子极其威严并有点粗暴地指着我，外加一道犀利的目光，把我从这一大群人中"揪"了出来。"我是《杭州日报》的。"我意识到挂在肩头上的那台日本"亚西卡"照相机"出卖"了我的身份，所以也就真人不打诳语，从实招来，随即将照相机卸下肩膀抓在手上。"哪个叫你来的？"对方丝毫没有罢休的意思。我没想到的是，省市文化界混得熟，可负责这项考古发掘的省考古队我偏偏没接触过。也就是这位大名唤作牟永抗的浙江省文物考古研究所负责人、资深考古专家兼领队，在几十号人中一眼就"发现"了我这唯一的不速之客。

面对牟永抗的"贴身紧逼"，我一时不知如何招架才好，因为我绝对不能说是谁谁带我来的。而对方的眼光已经清晰表明了他下一步的行动：把这小子轰出去！

"哦，他是青青，杭报的青青啊！"人群中省博物馆的李柏霖先生道出了我的名字，以这样亲切的口吻着实扶了我一把。牟永抗打消了要赶走我的想法，但依然口气严厉地说："什么报纸都不行！"一再向我重申考古现场不许拍照，更不许报道，原因很简单，今天是向圈子内的专家介绍情况，听取意见，而不是对新闻界。

我当时心里有个"底线"，我绝对不能啥也没看到而被撵出现场。我开始和他讨价还价，而他显然没空来和我磨时间。于是，双方竟然极快地达成妥协，他让我可以自由地看现场、听介绍，我呢，答应绝不拍一张照片，不报道一个字。也许他知道对于一名记者这太过"残酷"，他作出了一个允诺：在可以对外报道时，考古队第一个通知我。

我说到做到，关于这次活动没有报道一个字。牟永抗果然也说到做到。在过了一个多星期后，他从余杭县给我打来了长途电话（那时杭州和余杭县通话属于长途），要我次日赶到反山"老地方"——良渚的事儿可以报啦。第二天，我和摄影记者慈宏同往，一切顺利。次日即6月22日，杭报头版显著位置报道：在良渚考古发掘经历了整整50年之后，前所未有地发现了大型显贵者坟茔、"土筑金字塔"，发现直径18厘米的"琮王"以及数量惊人的玉器。对于良渚文化来说，这是一个具有里程碑意义的重大发现，而我和慈宏，居然是第一个报道这个消息的记者。

大约半年后的1986年11月初，京、沪、江、浙的8个文博单位在杭州联合举办良渚文化遗址发现50周年学术研讨会。会议第一天，省市不少媒体按常规对会议作了采访报道，而我当时忙于别的报道，没去研讨会采访。等到为期两天的会议快结束时，牟永抗来了电话，说你怎么没来？最后一天了，来看看吧，也算是会会老朋友了。于是我在临近会议的尾声，11月5日下午赶到了会场。会务给了我一大包论文材料，大约有二三十篇，很专业，不好懂。但我想既然来了，还是尽量找点不同于别家已发的内容报道一下吧，硬逼着自己琢磨来琢磨去。终于还琢磨出一些名堂来，在许多论文中发现不少"零料"，整合成一个"猛料"：良渚文化已隐现国家雏形！

平时温文尔雅的姜青青，当讲到良渚文化时也会声音高八度，并且言之凿凿：良渚古城就是中华第一城！

好了，接下来我们回到反山遗址的发掘现场。

时值1986年初夏，江南的梅雨季节尚未来临，对于野外作业的考古工地来说，这正是抓紧发掘的好时机。反山考古队进驻雉山村后，按照制定的发掘方案，对反山这座高出平地4米左右、长90余米、宽30余米的土墩，在西端布了6个10米×10米的探方，探方之间留下1米宽的隔梁。5月8日正式开工，挖去表土不久，却陆续发现了一批汉代单室券顶砖室墓，这虽不是这次考古发掘的主要目标，但按照田野考古操作规程的要求，他们还是一丝不苟地进行了清理，做文字记录、绘图、照相，还请所里派来专人录像。持续20天的工作，一共发掘了11座汉墓。

那么，反山还会有地下宝库么？

5月28日，对汉墓的清理已接近尾声，各探方的下挖深度已达150厘米左右，为了慎重起见，王明达决定停止使用小锄头翻土，改用锋利的大平铲，一遍又一遍地把地面铲得又平又光，民工们说比晒场还要平。他们就在这平整的地面上仔细地观察土质土色的变化，终于在3号探方的中部，从大面积的灰黄土中辨认出了一块灰褐色的斑土，又经过反复的铲光确认，划定了长方形南北向的四边界线，即土坑的墓口。

5月29日下午，王明达开始用小铲下挖这块灰褐色的斑土，在3平方米多的范围内，一小铲下挖5厘米，挖一层平整一次，半天时间，他和文保员陈越南两人操作，仅挖深30厘米。

5月30日一天又下挖至90厘米深，仍未见任何遗物。这天上午，所里一位考古行家来工地，看了这个"坑"，认为"挖反"了。

作为领队的王明达一方面深感责任之重大，另一方面又自信没有挖反。因为这是凭着他多年发掘土坑墓或灰坑积累的经验，要是在反山挖反了，那不成了反山笑话？如果挖反了，土再填回去也不能掩盖操作上的失误。

王明达说，一个考古工作者，除了掌握过硬的野外发掘基本功外，还需要有一点胆识和勇气！

实际上所谓"挖正"还是"挖反"，都是凭经验来判断的，这跟医生看病是一样的道理。

1986年反山遗址发掘现场

凭借以往积累的操作经验，王明达自信没有挖反。因为自己用小铲在剥剔坑壁时，泥土与坑壁能够自然脱离，这一定是人工挖坑后，填在墓内的回土与坑壁的附着强度较弱的原因形成的现象。很显然，这就是一个人工台基，就是相当于前面提及过的"土筑金字塔"。

5月31日下午，开工以后天气闷热，黑沉沉的乌云从天目山方向翻滚而来，一场雷阵雨即将来临。王明达和杨楠、费国平站在3号探方的北隔梁上，商量对付雷雨的应急措施。3点刚过，陈越南从下挖的坑内清出一块粘有小玉粒和漆皮的土块，用手掌托着，小心地递到王明达跟前。王明达只看了一眼，即从160厘米高的隔梁上跳下，趴在坑中，足足观察了一刻钟，取出来的土块印痕上同样留有一些玉粒和漆皮。陈越南递给他一把小铲，他不敢用，从装土的土箕上折下一段竹片，顺着刚才取土块的边缘又小心地剔去一小块土，又露出朱红色的漆皮和很多小玉粒，这就是后来经上海博物馆吴福宝精心剥剔并修复成功的嵌玉漆杯。王明达当时再也不敢下手了，兴奋、激动的心情久久不能平静。杨楠等都仔细地看了现场，大家分享着成功的喜悦。为安全计，王明达悄悄地把这块地方用尼龙薄膜盖好，覆上一层泥土。为了更进一步确证这是一座良渚大墓，又在墓坑中部剔出一件玉琮（编号为反山M12:97）的射口部分，同样把它盖好。这时雨点开始落下，他记下了墓穴的长、宽、深（露出器物的深度已达120厘米）后，把整个墓穴用薄膜盖好，铺上一层泥土。做完这一切，他们和民工们才冒着大风大雨跑回各自的住地。

那天晚上，他们买了几瓶酒，多炒了几个菜，王明达、杨楠、费国平、陈越南等在住地开怀畅饮，兴奋地谈论着这次发现将会产生的作用和意义。听着屋外不停的雨声，心中又有些不放心，睡前王明达又叫上杨楠、费国平到反山转了一圈，安排了第二天的排水事宜。

6月1日，风继续吹，雨继续下，他们叫了几个民工，冒雨开了排水沟，并在墓口筑了土坎，尽可能地保护现场。天一时还放不了晴，他们就连夜赶回杭州，向所、局领导汇报反山的重大发现。

6月2日，雨止后，王明达和二室（史前考古）主任牟永抗及录像人员先赴工地，芮国耀和刘斌也都去了反山。下午，省文物局和考古所的领导都来了，在听取现场汇报和视察工地后，研究决定了保护性发掘的方针，并对保卫、安全、后勤、经费等作了安排，最主要的是搞好考古发掘，高质量地取得发掘成果。当天因工地泥泞不堪，没有发掘，只是把现场清理干净。

那两天的心情，就是打大仗的那种兴奋，但这种兴奋又只能抑制着，不能让它表现出来，更不能出纰漏。

6月3日开始，除了首先发现的大墓（根据发掘操作规程，编号反山M12）安排刘斌和陈越南负责清理外，集中力量铲光各探方的地面，找到更多的墓口暴露迹象。很快，在5号探方发现了M14，在3号探方的西部发现了M16，东部发现了M17，在1号探方发现M13，在1号与2号探方相邻地段发现了M15与M18。由于墓穴大而深，而且随葬品丰富，发掘工作十分繁重，杨楠负责清理M14，芮国耀负责清理M16，费国平负责清理M15。一切墓内的清理全部由考古人员自己动手，民工只负责把清除的泥土挑走。

发掘过程中，为了避免墓内随葬品受到损伤，剥剔器物时，一律不用金属工具，而是把竹片削成大小宽窄各异的工具，小心翼翼地清除泥土。由于墓穴较深，而随葬品几乎布满墓内，人一下去几无立足之地，考古工作者便群策群力，想出了"悬空操作法"，即用两段毛竹横架在墓口的两边，再用绳索吊下两段毛竹放在墓内，然后在墓内的毛竹上铺上木板，悬离随葬品有10厘米左右，不碰到一件器物。木板一块块可以移动，人蹲在木板上，清理一段再移动一段。这样清理，人几乎是趴在木板上的，其艰苦程度可想而知，只要趴上一会，人就腰酸背痛，一下子都站不起来，更何况人趴在木板上可不是睡觉，而是要工作的。但当清出一件又一件器物，望着琳琅满目的文物在自己手中一件件地重见天日时，大家都忘记了疲劳，最多吃力地伸一下腰，又埋头继续清理。

要知道这样的"继续"不仅仅是小心翼翼地将文物挖掘出来，要知道反山的每座大墓，除了找准墓穴外，墓内有棺椁作葬具，而5000年下来，木质的棺椁早已腐朽，仅仅留下考古学上称为"板灰"的灰白色痕迹，在土层中发现并剥剔出"板灰"，是极仔细的活，又是至关紧要的活。而且一座大墓往往有几百件器物，必须在现场弄清当时是怎么放入的，当然由于塌陷、移位、有机物的腐朽等因素，不可能全部搞清，而且还要搞清楚这些器物上下、左右是什么关系等等，这等于你的脑子里要有"情景再现"，笔记本上也要有图标数字等。因为对于考古工作者来说，发掘只是第一步，后面的研究和认识才是关键。

王明达后来在他的总结报告中还有过这样的描述：

文物挖掘

反山 M20 墓中部象牙器与琮、璧、钺等玉器叠压情形

　　发掘中除了仔细剥剔器物的繁重辛劳外，绘图成了一件更累人的工作。按常规绘制十分之一的平面图，但在反山大墓器物十分密集的部位，我们增加了原大的绘图。往往一座墓的图有五六份之多。在绘图、照相、录像（这由所里的女同志强超美常驻工地完成）等记录完毕后，最后一道野外操作就是起取文物了。为了保证文物的绝对安全，我们总是自己动手，三四位同志一组，分工明确，一位负责把文物一件件从墓内起取，一位写标签（一套或一件有一个序号、名称、数量等内容），一位在图纸上写上编号及名称。在起取过程中，为了使玉器不受损伤和保持原有的光泽，我们特地从杭州买了蒸馏水，把带一点泥土的玉器在蒸馏水中漂洗一下，禁止用刷子。所以后来这批玉器基本保留了晶莹的光泽，有的参观者还以为是我们涂了一层清漆。每座良渚大墓完成上述的发掘全过程，总得 10 天时间，依靠全体考古工作者辛勤的脑体

劳动，至 7 月 5 日先后发掘完成了七座墓葬，后因参加全所一年一度的集中学习，暂停了野外工作，9 月 4 日—10 月 10 日又继续清理发掘了 M20—23 四座墓葬。

后来统计发现，反山墓地随葬品中玉器占 90%，这使出土的良渚古玉在数量、器种、雕琢纹饰、精美程度等方面取得了空前的收获。

所谓"空前"，是因为在此之前，人们对良渚文化的印象还只停留在黑陶和石器，虽也有玉器，但不是很多。

更重要的是，野外操作得当，精心剥剔，对玉器原来在墓内的位置、配伍关系、组合情况等有了全新的认识，使良渚玉器从单件的研究，扩展到组装件（即几件玉器通过硬质的柄、杆连接为一整体，如玉钺）、穿缀珠（即通过柔软的皮革或丝麻织品连成一体，如项链）、镶嵌件（即无孔的玉粒粘贴或嵌入其他器物上，如嵌玉漆杯）的研究，这种成组成套的研究方法，在考古学上具有突破性的意义，即有力地证明了玉器不仅是礼器，而且还是王权、神权和军权的象征。

王明达说，当时在发表反山简报时，一开始称之为"反山墓地"，后来苏秉琦老先生在和他的一次谈话中，对此提法不甚满意，问他是否可以称为"陵"，他受到极大的启发。确实，反山墓葬的营建规模之大、随葬品之丰厚、玉器之多而精，是没有任何一处良渚文化时期墓葬可以超过的，这不是最高等级的贵族"王陵"吗？

毫无疑问，反山王陵的成功发掘，为当年 11 月召开的纪念良渚遗址发现 50 周年学术研讨会献上了一份厚礼。来参会的海内外嘉宾和专家学者在参观了发掘现场和出土的大批文物之后，都对这一考古发掘给予了极高的评价。中国考古学泰斗、北京大学考古系严文明教授认为，反山的发掘把良渚文化推上了考古学科的前沿。

2. 神徽之谜

考古是一项十分专业的事情，但是在大众传播中，如果要讲述反山的考古发掘，必须要记住两点：一是反山出土了琮王；二是这件琮王刻有神徽，而这神徽又绝对是个谜。

当然，神徽是我们今人的说法。

刻有神徽的琮王出土于编号为 M12 的大墓中，当时领队王明达将清理 M12 的任务交到了刘斌手上，后来刘斌写了一篇关于该墓出土文物的解读文字，其中就涉及破译神徽之谜的部分内容，刘斌这一篇文章的题目为《瑶

琮王

山和汇观山发掘记及反山玉器》，这里所讲的"反山玉器"，主要就是指那尊琮王，以及它上面的神徽，文章还涉及到了钺、冠状饰等玉器。

刻在玉琮等器物上的神徽图案，在反山遗址发掘之前，一直被认为是一种类似于饕餮的兽面纹，反山 M12 出土的琮王和钺王上所刻的完整神徽图案，使人们第一次了解到，原来被认为是兽面的纹饰，其实是一个半人半兽的神灵形象：头戴羽冠，双手扶住两只大大的兽眼，扁宽的嘴巴里，有长长的獠牙伸出嘴外，下肢是两个弯曲的兽爪。

说起对这一图案的初识，还是在反山发掘之后才发现的。由于浮雕的羽冠和兽面周围阴刻的神人手臂以及下肢极为纤细隐约，小得如同微雕，所以在野外发掘时，考古队员并没有看清它的真实面貌，只当是像云雷纹

"琮王"上的"神徽"图案

一样的底纹。野外发掘工作结束后，反山的玉器等文物被运到吴家埠库房作暂时的整理。牟永抗先生爱好摄影，试着用各种光线拍摄玉器上的纹饰。有一天，摄影师强超美在观察刚刚冲印出的照片时，兴奋地发现了刻在浮雕图案周围的手臂纹饰，她惊奇地叫了起来："你们快来看呢，兽面的两边原来是两只手！"大家都赶紧放下手中的活，跑到门口去看照片。于是很快都看清了，那确实是两只手，大拇指向上翘起，是那样的清晰，仿佛正扶住那像面具一样的两只大眼睛。看完照片，大家赶紧再去看玉器，在侧光下人们终于看清了刻在琮王竖槽中的神徽的真面目。那天大家的兴奋程度不亚于玉琮发现时的情形。考古是一项"前不见古人"的工作，人们常常只是睹物思人，即使面对一堆白骨，也是完全无法想象他们生前的面貌。这半人半神半兽的图案，就像一张隐约的老照片，使人们对五千年前的良渚人，仿佛有了依稀的认识。

从那以后，牟永抗先生常常要借此考验一下前来看玉器的学者的眼力，结果竟无人能够过关，如不加以指点和说破，来者均"发现"不了神徽的真面目。记得那年正好著名考古学家俞伟超先生来吴家埠，牟先生也卖了关子请俞先生看，看完后牟先生问："看清了？"俞先生说："看清了。"牟先生说："再仔细看看。"俞先生又看了一遍，只是说好。牟先生说："那请您说说看。"俞先生说："就是一个浮雕的兽面纹，还有地纹，刻得非常精细。"此时大家知道了，俞先生也果然没有看到。牟先生说："请您再仔细看看。"一面拿了台灯为俞先生打光，一面用手指点："这里，看看这里是什么，是不是手？"这时俞先生才终于看出了头戴羽冠的神人形象，他惊讶了好一阵子，如同见到了古人。于是大家请俞先生谈谈他对这一图案的认识，俞先生说这应该是生殖崇拜的象征。

　　现在对这一完整图案的解释，大部分学者认为是一个人骑在兽身上的形象。王明达认为，从雕刻层次上看，神人的羽冠与兽面都为浮雕阳刻，而身体部分却用阴刻。从尺寸上看，羽冠与兽面比例相配，在设计上成一整体，因此很难有神人和兽面的区分。从其发展演变看，晚期均为简化形象，更无人兽之分。因此，该图案所表现的应该是一个整体的神的形象，而不应该有人兽之分，其完整图案的浮雕部分，只是将神的面部特写的一种表现方式。总之，无论怎样解释，该图案作为良渚人的崇拜神，已成为大家的共识。

　　既然所谓的兽面纹，原来是良渚人崇拜的神像，那么四面雕刻神徽的玉琮，也就是作为神灵载体的神柱了，玉琮既是用来通神的工具，也就有了拥有神权的象征。在认识了这一神徽和正确解释玉琮的基础上，考古工作者进一步解读出了冠状饰以及玉钺把端镶嵌的类似舰形的玉饰等的玉器造型的真实含义。冠状饰显然是取象于对神徽羽冠的摹仿，而玉钺把端的舰形玉饰，则是将冠状饰从中间对折的一种表现方式，其意涵也无疑是羽冠的象征。

　　对玉钺的整体按柄形式的复原，是在反山 M14 发现时确立的，以往人们只知道玉钺本身，而并不曾想到它的把柄两端还镶嵌有玉饰，M14 的玉钺出土时，整条把上嵌满了米粒大小的玉粒，在这些玉

组合式玉钺

粒的引导下，进一步发现了玉钺把柄两端的装饰玉件。反山的 M12、M14 和 M20 的玉钺，都有相同的把端装饰，有把端装饰的玉钺，显然是一种更高规格的表示。

以往的观点，冠状饰应该是镶嵌在神偶头上的玉冠，直到 1999 年在浙江海盐周家浜遗址发现了连带着象牙梳子的玉冠状饰，才明确认知了其象征意义。这种神冠形态的玉饰镶嵌在梳子的上端，除了梳理头发外，主要应该是用于束发，将神的帽子插在巫师的头上，那么巫师便自然成了神的扮演者和代言人。

将象征神冠的舰形玉饰安装到玉钺把柄的上端，那么玉钺也仿佛戴上了神的帽子，它所代表的权力，便自然具有了神的意志，这是何等精妙的设计啊！反山 M12 出土的钺王上，还直接雕刻了神徽图案，显然是对王权神圣性的进一步解释。这种权杖所代表的君权神授的理念，从此便一直统治中国达数千年之久。直到商周时期，钺仍然是最高的指挥权杖。据《史记》记载，周武王伐商时，"武王左杖黄钺，右秉白旄，以麾"（《史记·周本纪第四》）。商汤在伐夏之时，也是"汤自把钺"率诸侯，"以伐昆吾，遂伐桀"（《史记·殷本纪第三》）。我们汉字中的"王"字即是"钺"的象形字，林沄先生在《说王》（《考古》1965 年 6 期）一文中，曾做过详细的论证。可见钺与王权有着密不可分的关系。

反山还出土了 4 件玉鸟，鸟的形态如同展翅飞翔的燕子，在玉鸟的腹部都钻有隧孔，可以缝缀。这些鸟在出土时，一般位于墓主人的下肢部位，推测原来应该是缝在巫师衣袍的下部使用的。这些玉鸟的功能究竟是什么呢？从许多玉琮的神徽看，鸟纹往往雕琢在神徽的左右两侧，M12 的玉钺王上的鸟纹则雕刻在神徽的下方。这种雕琢的方式，反映了这种良渚人崇

玉鸟

拜的鸟，应该是他们所信仰神灵的载体。而与神徽配合雕刻的鸟纹，其鸟身部分则完全用神徽的眼睛表示，更是进一步说明了，无形的神灵是以这种鸟作为载体的。巫师将圆雕的玉鸟缝缀在自己的衣袍上，显然是为了把自己装扮成神的样子，这正是原始巫教求神、通神的方式。

反山遗址的发掘，不仅让人们明白了玉琮、冠状饰、玉钺以及神徽等的真实含义和实际功能，同时对墓主人的身份也有了一定的了解。他们是集首领与巫师于一体的显贵的统治者，而且有着明显的职能分工与位次高低。11座墓除了 M21 时代较晚外，其余墓葬的年代大体相当，约处于良渚文化早期。这些墓葬的排列大致可以分为南北两排，南排以居中的 M12 等级最高，北排以 M20 的等级最高，处于西侧的 M15 和 M18 相对等级较低。从墓葬出土文物，可反映出墓主人的性别，玉钺等代表军权的文物仅出于南排的 M12、M14、M16、M17 等墓中表明南排墓葬墓主应为男性；玉璜和圆牌形串饰、玉质纺织工具则主要出土于北排的 M22 和 M23 中不见代表军权的玉钺，可推知墓主应为女性。

综上所述，那刻在良渚玉器上的神徽，就是刻在良渚统治者心上的魂，也是刻在良渚先民心上的魂。在中国玉器史上，早年论玉文化，言必以红山文化为宗，没想到在中原文明眼中的南蛮之地，良渚玉器实现了质的飞跃，匪夷所思地抵达了玉史之巅。若是把刻在良渚玉器上的神徽置于放大镜下观察，那简直是无与伦比的美，而这种无与伦比的美，会不会让掌握了精良工艺制造装备的现代人觉得汗颜？神徽是神权的象征，也是王权的象征，既有润泽温和的一面，也有壮烈甚至血腥的一面，而这两面，正是良渚神王之国的两张脸，也是良渚先民个性的两面。所谓"宁为玉碎，不为瓦全"就是这两面合生的一种气节，这种气节也是中华民族的一种基因。

3. 瑶山顶上的祭坛

反山遗址的发掘，让所有人的目光又重新聚焦良渚。

事实上，就发掘这个词而言，或许这半个世纪以来就从来没有停止过，只不过更多地是在看不见的战线上。

而在极个别人的眼里，良渚又一直是"发财"的同义词。

一些人的发掘是为了考古，为了科学研究。另一些人的发掘是为了盗墓、倒卖文物，最终目的是发财。对于后一种，我们一般不用发掘这个词，而是直接用盗墓一词。事情有的时候就是这样，前者的考古发掘，是拨开迷雾见阳光，且在论证着文物的价值。而后者的盗墓又促使前者只能加快速度，这倒不能说是要跟盗墓者赛跑，不是的，只是说一方面要加大保护和打击的力度，另一方面也要加快考古发掘的进度，因为在大良渚这个地方，你只要一动土，地下就有可能挖到宝贝。而反山琮王的出土，反山作为王陵的定位，让反山声名远播，也让良渚声名远播。

据后来任省考古所所长刘斌的回忆，反山遗址发掘后，在国内外引起了研究和收藏良渚玉器的热潮，良渚玉器的身价也随之大涨，文物贩子的嗅觉比猎犬还灵敏，他们"鬼子进村"走乡串户地到处寻觅，并出高价鼓动农民去盗挖。

1987年春天，距离反山约5千米的安溪乡（现属良渚街道）下溪湾村的农民，在附近的瑶山上种树时，意外地发现了玉器，于是引发了上百名村民上山盗掘。好在乡政府及时制止了事态的发展，并报告了公安局，公安局在得到消息后，立刻赶赴现场，追缴已经流失的文物。由于处理及时，大部分被盗挖的玉器被追了回来，最后收缴的玉器达340多件，仅玉琮就有7件。后来，瑶山遗址发掘时他们找到了这座被盗挖的墓坑，证明这些被盗挖的玉器都是出自同一座墓中，他们将这座墓编为M12。

瑶山盗挖事件发生后，省考古所立刻组织人员对瑶山进行了抢救性发掘，由牟永抗先生担任领队，参加发掘的主要有刘斌、芮国耀、沈岳明、桑坚信、林金木、费国平、陈欢乐等人。

据刘斌的回忆，瑶山遗址的发掘于5月5日开工，至6月4日结束，历时一个月。当时的发掘条件相当艰苦，山顶上风吹日晒不说，吃住条件也十分不好。瑶山的东面当时有一所杭州市公安局下属的精神病院，名叫安康医院，他们就借住在里面，这样也省了自己开火烧饭的麻烦。这所精神病院里收治的病人，大多有过暴力行为和暴力倾向，住的院子和房间都有铁栅门锁着。病情稳定的,才可以放出来打饭。有阵子各屋都闹起了臭虫,大家又是喷药,又是晒床垫,折腾了数日,才把臭虫镇压了下去。后来牟永抗先生派刘斌去吴家埠加强值班,因为反山的玉器放在那里不放心。刘斌每天早出晚归,骑着自行车沿着苕溪走十几里路,虽然辛苦,但他心里倒也觉得挺痛快的。

瑶山的表土不深,仅有20多厘米,所以发掘进展得很快,短短一个月时间,就挖了近600平方米,并清理了11座良渚文化时期的大型墓葬,出土玉器上千件。刘斌说,牟先生比较赏识他的野外发掘水平,所以把认为最重要的位置居中的M7与M11让他清理,果然这两座墓的随葬品最为丰富,让他又一次体验了发现过程的惊喜——反山遗址M12的玉琮王便是由他亲手挖出来的。当碰到玉器时那种硬硬的感觉,最是让人激动和怀着无比的好奇与期待。因为土翻起来,你不知到下面会显露出一件怎样的器物来,

1987年瑶山发掘全景

这也正是考古工作的魅力所在。瑶山的发掘，不仅又一次从十余座大墓中获得了大量精美玉器，还第一次发现了一座良渚文化的祭坛。

祭坛的发现，为良渚文化的研究增添了一项新的内容。但良渚先民为什么要在山上修建祭坛呢？祭祀的内容是什么呢？这些埋在祭坛上的大墓和祭坛是一种什么样的关系？难道修祭坛仅仅是为了墓葬吗？祭坛与大墓的关系难道与埃及的金字塔以及美洲的金字塔一致吗？这一系列的问题一直困扰着刘斌他们。

瑶山是一座低缓的自然山丘，海拔高度仅35米，相对高度约20米。它的北面和西面是更高的山，南面是一座独立的山丘，称为馒头山，高度与之相似，东面的山丘已因石矿开采被挖掉。馒头山以南是平原，东苕溪自西南向东北蜿蜒流过。若不是因被盗挖发现，考古人一般是不会到这样的山上去寻找遗址的。

祭坛就修建在瑶山的顶上，依山势而建。祭坛的西北角保存完好，用山上风化的石块砌了整齐的覆斗形护坡，护坡的垂直高度约有0.9米。祭坛的顶部平整，面积有400多平方米。在近中部的位置挖出南北长约7.7米，东西宽约6米的"回"字形沟槽，沟槽宽1.7—2.1米，深0.65—0.85米，沟槽中用山下纯净的灰色黏土填满，与山上原来的红黄色土壤形成了鲜明的对比，从而在平面上形成了内

1987年揭示的瑶山祭坛顶面遗迹

瑶山出土三叉形玉器

瑶山出土锥形器

瑶山出土玉璜

外不同的三重土色。祭坛的平面显然是经过了精心设计的，那为什么要做成这样的形态和尺寸呢？这个问题同样一直萦绕在刘斌的心中。

11座墓葬整齐地分两排埋在祭坛的西南部，与反山相似，南排居中的 M7 和 M12 与北排居中的 M11 等级最高。瑶山的墓葬排列更为整齐有序，随葬品的规律也更加明显。经考古发掘出土的玉琮、玉钺、三叉形器、成组的锥形器等，均出自南排的墓中。而玉璜、圆牌形串饰、玉纺轮等，则仅见于北排墓中。另外，带盖柱形器，除北排的 M11 随葬 1 件外，南排的每座墓均有随葬。瑶山与反山的墓葬，出土时骨架都已基本没有了，仅个别墓葬残留有牙齿，因此无法对墓主人的性别和年龄进行测定。从瑶山墓葬的随葬品规律看，象征掌控军权的钺只有南排墓葬才有，而纺轮和织具等则仅见于北排墓中，所以推测南排墓可能是男性，北排墓则可能是女性。玉璜应该是女性专用的佩戴品，而三叉形器和成组的锥形器等则属男性专有。南北两排墓应该既有性别上的区分，也有职能上的不同。瑶山的 11 座墓，也大致属于同一时期，其年代与反山相仿。高等级的墓葬居中，两边的墓葬相对级别较低，墓葬排列的顺序和位置，可能反映了墓主人生前的位次。另外，瑶山的墓葬中，竟没有一件玉璧随葬，这又给刘斌他们提出了一个新的问题。玉璧本是大墓中最为常见的随葬品，并无身份地位的严格限定，仅反山的 M23 就随葬了 54 件玉璧。制作规范，打磨精良的玉璧，往往放在墓葬的中部，而制作粗糙的玉璧，则成堆放在脚部。瑶山无随葬玉璧，这是祭祀上的限定呢，还是这个部族没有得到适合制作玉璧的玉料？如果玉璧是祭祀中不可或缺的礼器，那一件玉璧都没有显然是不合情理的。如果玉璧是财富的象征，那么这些地位显贵的墓主人，又怎么能一件玉璧都得不到呢？无论哪种解释，都无法自圆其说。

关于墓葬与祭坛的关系，有一种观点认为两者是复合的，即建立祭坛既是为了祭祀，同时也是为了埋墓，这些埋葬在祭坛上的墓主人，同时也是被祭祀的对象。从祭坛和墓葬的迹象分析，刘斌认为祭坛本是一种专门的祭祀场所，当祭坛原初设计的使用功能被废弃以后，才被作为一块圣地，而成为巫师和首领们的墓地，并且在作为墓地之前，还应该有一次覆土加高的过程。因为埋在祭坛上的 M2、M6、M7、M8、M9、M11 和 M12 等墓葬，都打破了祭坛表面的灰色土框，破坏了祭坛原初的设计格局。而 M1 和 M3，则打破了祭坛西侧石砌的覆斗形护坡，这必须是在石坎以外加土覆盖以后，才可能出现的迹象，否则 M1 和 M3 的一半，则是一种悬空的现象。既然祭坛原初另有实际的功用，那又是用来做怎样的祭祀的呢？

是的，无边的质疑和无边的猜想，是考古学家的本质特征，也是思想家的本质特征。某种意义上说,无边的质疑和无边的猜想是考古学家的特权,能攻破他们特权的唯有百分百严谨的实证,他们的质疑和想象因此比小说家更靠谱。

4. 汇观山又是祭坛

带着瑶山遗址发掘后的疑问,1991 年,考古队员又有了一次新的机遇——他们发现了汇观山。

汇观山是位于瓶窑镇上的一座小山,东距反山仅约 2 千米,海拔高度约 22 米,相对高度约 17 米,山的周围早已盖满了房子,东北角还留有一个石矿大坑,仅剩山顶的空地,那上面荒冢森森,长满了一人多高的杂草,所以平时很少有人上去,也从未引起考古人的注意。

1990 年春,当地的一户居民在山顶的西南角盖房子时,挖地基的民工无意中发现了一些玉器,他们没有声张,悄悄地把这些玉器带回了家,准备将来有机会能卖个好价钱。这年冬天他们找到了一位买主,那位自称是外商的买主,原来是杭州市公安局的一名侦察员。他们给他看了货,但这位侦察员说一下子无法断定这批玉器的真伪,于是他说还要请他的一位行家亲戚再看看才行。这样他便找到了省考古所,请求派一位专家一同去看看,刘斌的一位同事冒充了他的亲戚和他一起去。经过鉴定,这些玉器确实属于良渚文化时期的遗物。随后公安局对参与挖掘和倒卖文物的人员进行了拘捕,共缴获良渚玉器 20 多件,并获知了这些玉器出土的地点。

1991 年 2 月,由省考古所组队,开始对汇观山遗址进行抢救性发掘,由王明达担任领队,刘斌实际主持,参加发掘的有胡继根、蒋卫东、费国平、

1991年汇观山遗址发掘现场

陈欢乐、周建初、马祝山、张克西、陈小利等。此前余杭文管会已先行对暴露的2座墓进行了清理，共出土玉石、陶器等遗物数十件。

发掘前的汇观山完全是一座乱坟岗，共有荒坟60余座。瓶窑是东苕溪边较大的镇子，水路货运较为繁忙，自古客死瓶窑码头的外乡人多葬于此，发掘时还出土了一块石碑，上书"瓶窑义地"几个字。因此搬坟清理场地时，考古队员们买了数十个瓷坛子，请人先将乱坟中的尸骨收了，再编号画图，埋在旁边，以便清明节上坟时有人认领。这是他们第一次遇上这样的事，以往挖的都是几千年前的坟，搬迁这些近代坟，虽然不用他们亲自动手，但心里还是有些异样的，毕竟是因为要考古发掘，才来打扰这些孤魂，按照当地习俗，他们买了些香烛纸钱，请民工们拿去做了祭奠。

汇观山发掘面积共计1500平方米，算上此前余杭文管会清理的2座墓，共发掘清理了4座墓葬，出土随葬品近200件，其中主要是玉器，种类有琮、璧、钺、三叉形器、冠状饰、锥形器、带勾、玉镯以及管珠等。

M4是当时发现的规模最大、随葬钺最多的良渚文化时期墓葬，共随葬石钺 48 件、玉钺 1 件。墓坑长 4.75 米、宽 2.3—2.6 米，而且棺椁齐全，在棺内和椁内各随葬有一套陶器，这也是到目前为止所仅见的例子。

除墓葬之外，汇观山遗址的另一项收获是发现清理出了一座与瑶山几乎完全相同的祭坛。祭坛的形制格局与瑶山祭坛完全一样，顶部也是采取挖沟填筑的方式，做成"回"字形的灰色土框。发掘还证明，祭坛的四面为覆斗状的斜坡，东西两端成阶梯状，而且在第二级阶梯上有南北向的排水沟，祭坛的南面和西面为人工修整的平整场地。从这一平台到祭坛的顶端，高约 2.2 米。这一覆斗形的祭坛东西长约 45 米，南北宽约 33 米，这大大超出了人们认识的瑶山祭坛的面积。中间的灰土框，与瑶山祭坛的尺寸相近，宽 2.2—2.5 米，围成南北长 9.5—9.8 米，东西宽 7—7.7 米的"回"字形方框。

汇观山的 4 座墓均分布在祭坛的西南部，其中 M4 破坏了祭坛的灰土框。从随葬品看，M1、M2 的年代与反山、瑶山接近，M3、M4 的年代略晚，证明修筑祭坛的年代应与瑶山相近。在相距只有 7 千米的范围内，修筑 2 座形制相同的祭坛，而且还都与大墓联系在一起，这既说明了这种祭坛的重要性，同时也再一次加重了刘斌他们的疑问，这种祭坛究竟是做什么用的呢？为什么精心设计与修建后，又轻易地废弃了呢？

另外，汇观山出土了多件玉璧，证明瑶山未发现玉璧的现象，应该与祭坛性质无关，可能仅仅只是一种偶然。

后来考古队用了一年多时间，对汇观山祭坛做了保护性的复原和展示。

在那一年多的时间里，刘斌一直在想着关于祭坛的用途，几乎天天站在祭坛上观察日月的变化。他说，终于有一天突然想明白了，原来祭坛是用来观察天象的场所。

那么，果真如此吗？

本来考古工作者是面朝黄土的，而这一回的仰望星空却也有了惊人的发现。

英格兰巴斯巨石阵可能也与天文观象有关，但可能与确定毕竟相去甚远。巨石阵至今还是个谜，秘鲁岩画大地也还是个谜，复活节岛上的石人像同样是个谜。而良渚祭坛之谜却被刘斌给破解了，准确地说，是刘斌发现了良渚还有祭坛，这就可以解释玉器为何如此发达，也能解释神徽之谜，解释神权和王权双重统治下的良渚古国。

祭坛与星空

5. 莫角山考古发掘记

从反山、瑶山到汇观山，接下来就轮到莫角山了。

而在余杭和杭州人的口里，以前是很少说莫角山的，它有一个更广为人知的名字——大观山，因为老杭州人几乎都知道大观山果园，因为莫角山的大部分地块是属于大观山果园的，那里产水蜜桃，而这个果园以前又是隶属于杭州市民政局的，2007年经杭州市委、市政府批准同意之后，于11月8日开始实施《杭州市大观山果园职工搬迁安置实施办法》，由此良渚遗址核心区块莫角山遗址整治工程才正式启动。这是良渚遗址保护工作中具有标志性意义的事件。

还有一件事开始得更早，即原先的104国道是要穿过良渚遗址群内的良渚、长命和瓶窑三地的，1998年，为保护良渚遗址，104国道就改道南移，拉直了从勾庄至彭公村的一段，如此便避开了遗址密集分布区。老的104国道当时作为辅路暂时留用。

对于莫角山的考古发掘，曾主持参与这一发掘工作的省考古所研究员赵晔写过《莫角山考古发掘记》一文，详细地记述了发掘经过。这个经过，简单来说，就是先后发现了两种不一样的土，第一种是红烧土，第二种是沙土。

跟前面所说的反山、瑶山等类似，莫角山也只是一个小土丘，它位于瓶窑镇的东部，平整的顶部还有三个小台地，东北部较大的称"大莫角山"，西北部次大的谓"小莫角山"，西南部最小的叫"乌龟山"。而人们口中的大观山倒真的是一座山，它是大雄山丘陵的次峰，海拔172米。1958年，杭州市民政局设立大观山安置农场，因为主要种植水果，所以又称"大观山果园"。农场有两片区域，大观山山区部分是其内场，莫角山部分是其外场。因为外场的交通更便捷，又是大观山果园的场部所在地，所以很多人只知大观山果园的外场，而知道内场的人并不多。为了便于良渚遗址的保护和管理，大观山果园外场已于 2016 年 5 月 18 日从杭州市民政局划归余杭区管辖。近年来，因为良渚遗址的知名度越来越高，莫角山这一名称逐渐盖过了大观山果园。

那么，考古人为什么会把这个遗址叫作莫角山呢？这要从遗址的发现说起。

莫角山的考古发掘，颇有点一波三折的味道，因为那一带以前是乱坟，后来平整过之后就开始种果树了。20 世纪 70 年代，曾在那里零星地发现过陶器和石器，村民也挖掘出过 2 块玉璧和一些石钺，这些当然都上交给文物部门了。

莫角山大观山桃园

1987 年，公路部门打算改造和扩建 104 国道。为此，省考古所于 10—12 月在莫角山遗址东南部的 104 国道北侧进行了考古发掘，揭露面积 325 平方米。此次发掘由胡继根实际主持，赵晔是队员之一，这也是他被分配至省考古所之后的第一项田野工作。那次发掘先是发现了 10 多座汉墓，但是考古队并没有就此止步，因为他们的"胃口"更大。后来他们开始以 5 米 ×5 米的探方规格发掘，在揭露了数十厘米的良渚文化层之后，很快就出现了大片的红烧土堆积。烧土块大小不一，有的红色，有的黑色，有的外红内黑，个别较规则的颇像砖坯。烧土堆积下面发现了厚厚的青淤泥，这种淤泥并不纯净，里面含有机质，局部呈团块状，他们判断这是人工堆起来的熟土。但解剖了二三米深还是这种土，接着再往下钻探直到杆子够不着仍是这种土。估计这种土的厚度超过 10 米，这让考古队员对是否为人工堆积有点疑惑了。打隔梁时还在红烧土下发现一座随葬鼎、豆、罐的良渚墓葬。后来，当时的考古二室主任牟永抗邀请北京大学严文明教授来现场考察指导，严先生就带着他的学生李水城来到现场。听取汇报和仔细观察后，他对烧土堆积十分重视，认为很可能是良渚时期大型建筑毁弃或祭祀活动之后的垃圾。

1992 年 6 月，遗址上的长命印刷厂想在厂区西南部的空地上建造新厂房，省考古所派蒋卫东去挖探沟试掘了一下，发现有一层坚硬的沙土。当时对于这"坚硬的沙地"大家都觉得奇怪，在一个 10 来米高的台墩上怎么会有沙土？沙土通常是冲积形成的，莫非是人工搬运上去的？是的，20 世纪 50 年代，当地村民在大莫角山西侧和南侧挖水沟时，就发现有很厚的沙土，后来就有人挖沙卖钱。1979 年有人在乌龟山北侧挖沙，也发现了厚约 1 米的黄沙层，据称有些地方一层沙、一层泥好像千层饼一样。看来莫角山上的沙土不仅厚而且面积还不小，似乎三座小台地之间都有分布。

为了揭示这片沙土的真实面目，1992 年 9 月至 1993 年 7 月，省考古所在长命印刷厂扩建区进行了考古发掘，揭露面积共计 1400 平方米。发掘领队是王明达，由杨楠实际主持，赵晔参与了发掘。果然，发掘范围内全部发现有厚厚的沙土。经过仔细分析，判断沙土由两部分组成：上部为厚约 30 厘米的坚硬纯沙土，即当地村民曾挖取卖钱的沙土；下部为厚约 50 厘米的夯土，由一层沙一层泥间隔夯成，这部分因掺杂纯细的黏土，沙土质量不好所以无人采挖。我们认为，这种大范围明显有人工夯筑特征的沙土，一定是十分重要的建筑基址。

史前时期夯土在北方已十分流行，但在南方还没听说哪里有发现过，莫角山上发现如此大面积的夯土实属罕见。这种夯土采用沙土和泥土间隔的方式，使咬合面更加紧实，也使夯窝能在泥面完整地剥剔出来。记得当时

莫角山夯土层清理现场

用了很多方法掏挖夯窝，洋镐、起子、钢勺，最终阶梯状依次剥剔出6个密密麻麻蜂窝状的夯土层面。实际的夯土层可达13层，剖面能看出清晰的波浪形夯窝。夯窝直径3—6厘米，深约5厘米，大小均匀，估计是用圆头的木棍捶打过。由于连续的夯打，加上夯打时角度、力度不同，泥层面上的很多夯窝受到挤压而变形，所以夯窝大多数呈不规则的扁圆形。

因为从来没有发现过夯窝，牟永抗主任觉得心里没底，专门邀请严文明、张忠培等先生到现场考察，得到了权威专家的肯定和认可。对此，严文明先生在《良渚随笔》中有一段详细的描述：

1992年12月26日，我曾专程赶到良渚看杨楠和赵晔挖的夯土。虽然冒着小雨，我却不肯放过任何一个细节。他们的工作做得很仔细。我看到那些夯土是先铺一层泥，密密地夯筑，然后垫一层沙子，再铺一层泥，又密密地夯筑，如此反复达9—13层之多，总厚度为50厘

莫角山大型建筑基址上的柱坑遗迹

米左右。这是在良渚文化以及整个龙山文化中所见加工最好的夯土，如此大面积地精心夯筑，说明它很可能是一个大型建筑的基址。

其间，考古队在印刷厂西面的小莫角山南侧也做了100平方米的小规模发掘，发现有同样结构的沙质夯土，尤其是沙土上还发现了32个大小不一的柱洞，较大的有12个，它们大致呈三排作东西向排列，间距约1.5米。大柱坑的开口形状多数不规则，口径23—135厘米，深度大多超过30厘米，最深达72厘米。除一个柱坑平底未发现柱洞痕迹外，其他均有柱洞甚至辅助的柱洞痕迹。柱洞内部的填土是疏软的浅灰色细沙土，跟柱洞外侧稍结实的淡黄色粗沙土明显不同，应该是柱子被拔掉后的淤土或柱子腐烂后的渗透土。按这种土色辨认，12个主要柱子的直径都在40—60厘米之间。这么粗的柱子在历史上，也只有在殿堂和庙宇中才能见到。

另外，考古队对沙土的范围也作了初步调查和钻探，确认3个小土台之间都有分布，总面积在3万平方米以上。由此推断，这片面积巨大、厚实又平整的沙土，绝不会仅仅是一两座建筑的基础，应该是一个大型的礼仪广场，周围特别是3个小土台上，都可能有建筑围绕着它而分布。

这次发掘让莫角山的庐山真面目开始显露，也奠定了莫角山特殊的重要地位。首先它的体量巨大，是已知良渚文化时期最大的单体遗址；其次是形态规整，早期从航拍照片里能清楚地看出为长方形高台；再次它上面有施工考究、工程量浩大的沙土夯筑广场，广场上还有礼仪性建筑的大型柱坑。

这样的格局只有一种可能，即它是良渚文化最显赫的权力中心，就好比明清时期的紫禁城。当年严文明先生就已推断：

以莫角山城为代表的良渚遗址群即是良渚文化最大的中心，是不是就可以看成是整个良渚文化最大的中心呢？假定莫角山城是某个统治集团的权力机构所在地，是否就可以称为都城？

鉴于莫角山遗址独一无二的重要性和发掘工作的认真细致，此项发掘荣膺 1993 年度全国十大考古新发现。

意识到莫角山的重要性之后，遗址上唯一的现代厂区建筑——长命印刷厂不但不能扩建，不久还被迁出了遗址范围。

莫角山的考古发掘，还请来了一些"外来和尚"，这些外援也都出色地完成了任务。

1999 年 1 月，省考古所所长刘军邀请山东省文物考古研究所的张学海先生带领 4 名技工，对莫角山及其周边地区进行了钻探，得出的结论是莫角山为一座台城，四面有护墙，墙基宽 30—40 米。南墙东段和北墙西段各有一块夯土向外突出，可能是南门和北门所在。西墙中段也有夯土向外延伸，推测是西门外的夯筑干道。大莫角山、小莫角山和乌龟山 3 个小土台不见有夯筑沙土伸入，估计是主要建筑的台基。台基上的建筑应有殿堂，也可能有"祖""社"之类的相关建筑。

2002 年，华东师范大学张立和刘树人两位遥感专家发表文章，对瓶窑、良渚地区的遗址进行了遥感地学分析。其中对莫角山的遥感分析判断也认为四边有墙体，墙基宽度 40—50 米。2007 年，两位学者再次对莫角山及其附近的地貌进行研判，提出了莫角山形状的许多细节。比如大莫角山的北侧中部向外鼓凸，整个台基周围有断续的护河，河宽约 9 米；乌龟山台基周围也有护河痕迹，台基上有 3 座东西向排列的小基座；莫角山近中心

机钻勘探

部位还有一座圆形的双层土坛。莫角山西侧有一个较矮的长方形"西城"，里面有若干台基和人工水池。莫角山南部的皇坟山顶上有东西向建筑台地，台地上从东到西排列着3个长方形小土台；它们的西面还有一个方形高墩。这些说法听起来很像那么回事，在一定程度上能为考古工作提供参考，不过无论是钻探还是遥感分析，最终还需要考古发掘的验证。

2007年底，良渚古城宣告发现后，莫角山的位置和布局终于有了合理的解释，即平均40—60米宽的土筑城墙围绕莫角山分布，整体呈现出一个精心规划、宏伟壮阔的都城格局。

2012年，刘斌让王宁远负责，采用机钻和铲钻结合的方法，对莫角山台地进行了系统勘探。机钻要移动井架，较麻烦但钻得深，用来了解土台的堆筑过程；铲钻即人工用洛阳铲钻洞，钻不太深却很灵活，适合了解土台表面的遗迹分布。钻探后得知，莫角山其实是以西面的自然黄土山——姜家山为基础，向东逐步扩大堆筑起来的，下部铺的果然都是淤泥，上部则用黄土覆盖。良渚人没有以姜家山为中心建构莫角山，很显然是因为已有城墙的规划，居中的莫角山只能利用姜家山的东坡堆起来，这其实增加了很多的工程量。另外，大莫角山下部的青淤泥也随台面相应隆起，说明大莫角山实际上是和莫角山台地一体设计、同步完成的，这与1999年的钻探结果也相吻合。这样看来，莫角山上的 3 个小台子，很有可能全是整体设计、一次成型，而不是后来追加的。

几乎同时，考古队在莫角山东坡挖长探沟试掘，发现了南北向垄状的夯土边界，它用不同的土质夯筑而成，先在中间板筑梯形的堆芯，然后从两边堆放黄褐土或黄粉土逐层加高，再用人工夯实，形成垄状堆土。这垄状夯土应该就是之前钻探所说的护墙，因为莫角山底部的青淤泥是湿软的，需要坚实的墙体来支撑。让人意外的是，垄状夯土外侧的生活垃圾堆里，出土了大量的炭化稻米，分布范围 600 多平方米，估算下来总量大概有 2.6 万斤。这些炭化稻米很可能是莫角山的粮仓，说明当时的莫角山上曾有相当数量的粮食储备。

探明了莫角山大台子的结构和堆筑过程之后，考古队开始了解台地顶部的遗迹情况，先后对 3 座小土台进行了不同程度的揭露。2014 年 2 月至 2015 年 12 月，在大莫角山上共发现 7 个面积 300—900 平方米的土台式建筑基址，呈南北两排分布。其中 2 号建筑台基保存较好，有柱洞分割成面积相当的东西两间；土台北坡、东坡以及西南转角发现稍大的柱洞，可能是房屋的檐廊立柱；土台西南侧还有一处沟槽状遗迹，以东西向和南北向木头交错搭建，上面再铺木板，推测是户外的木构建筑。在此之前，通过试掘获悉，大莫角山的南、东、西三面都有 10 米左右宽的围沟，基本验证了遥感分析的相关推测。2015 年下半年和 2016 年上半年，小莫角山上也发现 4 座房屋建筑遗迹，其中 1 座年代较早，规模较大，有大型基槽和柱洞，可分为东西两个隔间。另外 3 座房址年代略晚，东西向成排分布，其中一处保存较好，发现有基槽和 15 个柱洞，也可分东、西两个隔间。至于乌龟山，顶上、西坡和北坡曾被大量取土，受破坏的程度十分严重，遥感分析有3个房屋台基已无从验证。不过从大、小莫角山的房屋台基分布情况来看，乌龟山上有过3座房基是很有可能的。

除了3座凸起的土台，沙土夯筑面也被基本探明，总面积竟然有7万多平方米，只是南部有后期加筑扩展的情况。沙土边缘和外围，也发现了大面积的红烧土堆积和房屋遗迹、石头墙基等重要遗迹。特别是大莫角山外侧的东部和北部区域，发现有多条纵横交错的块石基槽，这些转角分明的铺石基槽，极可能是建筑墙基，或者是散水的暗沟。在沙土广场南部和东部，还发现东西成排、南北成列的9座房屋台基，面积在200—500平方米之间，排列十分整齐。3个土台外围的莫角山大台地边缘，也分布着一些成排的房屋基址。

2013年发掘了莫角山西南坡，清理出一处栈桥码头，由并列的木桩铺设竹编脚手片构成，这应该是莫角山宫殿区的一处专用的水运码头。同时确认，一条南北向的河道将莫角山与西面的姜家山分割了开来。姜家山上近年也发现了良渚时期的贵族墓地和建筑遗迹，与遥感所称的西城大体吻合。2014年底，码头区向东、向北扩展揭露，发现大量草裹泥堆积，北侧还清理出一个10多平方米的炭化米坑，此坑可能是一个中转仓库。2017年上半年，接着将扩展区向下发掘，揭示出纵横成排的木桩，木桩上还有榫卯相扣的横木。这片木构框架内，铺满了密实的草裹泥。经分析，栈桥码头废弃之后用草裹泥垒筑了新的河岸，部分叠压在原来的河道上，说明莫角山有一个向西扩展并对河道同步外移的过程。

概括一下可以这样表述：莫角山是一个依托西部姜家山而构建的巨型人工台地，长方而高耸；顶面的东北、西北和西南，各有一个同步规划和堆建的小土台；小土台上有成排的大型建筑基础；小土台之间及南侧，有面积达 7 万平方米的夯筑沙土广场；沙土广场有矗立大型柱子的礼仪性建筑；沙土广场外侧，也有大面积的房屋垫土和铺石基槽等建筑遗迹。这种特殊布局和高低错落、成群分布的建筑遗迹，无疑是良渚王国最高权力的象征。

时至今日，莫角山遗址的重要性已无须赘言。著名考古学家严文明和张忠培两先生一直对莫角山和良渚古城高度关注。确实，莫角山代表着良渚文化真正的社会发展水平和文明程度，对认识良渚文化的社会分化、权力结构、王国格局至关重要。它是良渚王国的权力中心，也是中华五千年文明史的辉煌例证。

从 20 世纪 30 年代出土黑陶和石器到 80 年代惊为天人的玉器，这样的考古线索是十分清晰的，但光是玉器还说明不了什么问题，一直到发现瑶山顶上的祭坛，这就不是小打小闹了，以前可能只以为那些精美绝伦的玉器只是小概率事件，后来发现不是那么一回事情，它跟祭祀有关，跟国家政权有关，所以后来申遗的名称就叫作良渚古城遗址。

莫角山宫殿遗址

现在来看，那一个阶段良渚的考古发掘真的是好戏不断，从反山到瑶山，从汇观山到莫角山，再接下去发现王城遗址，然后又是发现水利系统，如此一来，完全可以用圆满两个字来形容。

6. 良渚古城发现记

良渚古城遗址成功申遗的前后，在央视等媒体频频出镜的有两个人：一个是前考古队员蒋卫东，现在的良渚遗址管委会副主任，他常常代表良渚的管理方发表看法；而另一个就是省考古所前所长刘斌，他当然是代表考古界来说话，而且当之无愧是最有代表性的。

同时，刘斌跟他的同事们也出版了一些很有价值的书，读这些书可以发现考古学者不仅文笔好，擅长讲故事，更为重要的是，他会带你进入一个你所不了解的世界，同样是对未知世界的探索，他们是向后看，朝地底下看的。

从20世纪80年代中期一直到21世纪最初10年，从刘斌进入考古界开始，就碰上了一个千载难逢的机会，他碰上了良渚，所以但凡要说良渚申遗的故事，刘斌肯定是最佳人选之一，而他写下的那些考古发掘记和相关学术论文，应该说是良渚申遗的重要内容。

2019年，刘斌应余杭区政协之约，写下了《良渚古城发现记》一文，良渚古城的发现，等于是继反山、瑶山、汇观山和莫角山之后，又送出了一枚重磅炸弹。

莫角山遗址发现后，当时的考古学界有一种观点认为，这座规模巨大的土台，本身就构成了外高内平的防卫性质，具有城防的概念，所以起名叫台城。并认为在低湿的江南水乡地区，或许早期并没有像北方那样具有城墙的古城存在。那么，良渚遗址是否有城墙呢？2006 年，随着莫角山西南部的葡萄畈遗址的发掘，答案逐渐清晰了起来。

2006 年 6 月—2007 年 1 月，省考古所为了解良渚遗址重点保护区域内农民住宅外迁安置点的地下情况，在瓶窑葡萄畈村高地西侧发掘时，发现了一条良渚文化时期的南北向河沟，宽约 45 米，深约 1 米，河沟内有较厚的良渚文化生活堆积。当时刘斌很想搞清河东岸的高地与河的对应关系，因此利用民房之间的一小块空隙，做了 2 米×4 米的局部解剖，在挖到距地表 3 米多深时发现了一层石块，这些石块呈散状分布，高低不平，所以不是一个生活的地面，石头刚被发现时，已经快到年底了，开始几天刘斌对这一小片的石头也并没有太在意，后来想着这些棱角分明的石块显然应该是人工开采的石块。那么这些石块会取自哪里呢？它们又是怎样被运输过来的呢？而从石块以上的堆土看，是较纯的黄色黏土，中间也没有间歇的活动面，因此这 3 米多高的堆土应属于短时期一次性堆筑而成。而且直到现在当地在修建河堤和水库大坝时，都用的是这种山坡上的黄色黏土，那么这条压在村子下的长条形的高地会不会是良渚人的苕溪大堤呢？这些问题越想越觉得有意思，常常会想得让他彻夜难眠。

于是他向当地民工打听，问他们在高地的其他位置挖井时是否也发现过类似的石块，好几个民工反映在打井时挖到过石块。刘斌想，如果一千米多长的葡萄畈高地是良渚时期人工修建的苕溪大堤的话，那该是多么浩大的工程啊！由于葡萄畈村所在的南北向高地位于莫角山遗址西侧约 200 米的平行位置，所以也有可能是莫角山遗址西侧的城墙。当觉得这种判断的可能性越来越大时，刘斌非常激动。于是他向省文物局的鲍贤伦局长、吴志强副局长，省考古所曹锦炎所长等做了汇报，并得到了他们的鼓励和支持。在葡萄畈遗址发掘的过程中，也始终得到了良渚遗址管委会各位领导的支持与帮助，张炳火主任、王寿锟局长、严国琪和蒋卫东等时常到工地看望考古队员，为大家排忧解难。

2007年元旦的前夜，刘斌从工地上给张忠培先生打电话，汇报了新的发现和推断。1月，张先生正好要来浙江龙泉参加会议，所以答应会后来良渚看看。1月22日，张忠培先生考察了良渚葡萄畈的发掘现场。根据葡萄畈遗址的发现和推测，省考古所向国家文物局申报了2007年莫角山周边的考古调查、勘探计划，并得到了批准。

从2007年3月开始，考古队员首先以葡萄畈遗址为基点，向南北做延伸钻探调查和试掘。根据前期发掘对土质和遗迹的认识，他们确定了3个方面的内容作为下一步钻探寻找相关遗迹的标准：一、这一遗迹是用较纯净的黄色黏土堆筑的；二、黄土的底部铺垫石头；三、黄土和石头遗迹以外是当时的沟壕水域分布区，上层为浅黄色粉沙质淤积层，底部为青灰色淤泥层，靠近遗迹边缘有良渚文化堆积。

根据这些标准，2007年上半年通过钻探确认了南起凤山、北到苕溪，宽约60米、长约1000米的遗迹分布，为了验证钻探成果，刘斌他们选择在旧104国道北部的白原畈段进行解剖发掘，因为白原畈段的高地靠近苕溪，高地的堆土在历次修筑大堤时已经被取掉了。钻探发现的石头地基距离地表只有40厘米左右，在水稻田耕土的下面就是良渚文化的堆积，在这里发掘不仅见效快，也可以尽可能地减少考古发掘所造成的破坏。根据钻探所反映的堆积状况的不同，在此分4段进行了探沟解剖。通过解剖进一步肯定了这一遗迹在分布和堆筑方式上的连续性，而且在遗迹的内外两侧都有河沟分布，河沟边缘普遍叠压着良渚文化的生活堆积，陶片特征与葡萄畈段所出陶片一致。当时虽然还没能确认这是否就是城墙，但4000多年前这样大的工程也足以让大家感到震撼。在体会初战告捷心情的同时，考古工作者也迎来了新的挑战和困惑。经过半年的钻探发掘，他们发现，这段城墙南端连接到了凤山上，而北端则叠压在了现在东苕溪的大堤下面。

2007年6月4日，国家文物局童明康副局长、关强司长和阎亚林处长途经杭州，专门听取了刘斌的汇报并考察了发掘现场，国家文物局领导对良渚遗址的重大发现和考古队的工作给予了充分肯定。

6月9日，在河池头村路北的高地下面发现了一片石头遗迹，为探寻良渚古城的城墙，又打开了一扇窗口。6月19日，张忠培先生考察了白原畈段的发掘现场，听取了调查和发掘汇报，张先生兴奋地说，这个发现的意义，不亚于当年反山、瑶山的重大发现。新发现的大型石砌遗迹规模如此宏大，在中国同时期中还没有第二个，下一步的考古发掘工作要通过钻探等手段，

2007年张忠培（左三）在良渚考察

了解这一遗迹的结构、营建过程以及其中的石头和黄土来源等问题，认识遗迹的功能，理解这一遗迹与莫角山遗址的关系。

6月19日下午，刘斌陪同张忠培先生一起到余姚参加田螺山遗址现场馆落成典礼。6月23日晚上，张先生又特意从宁波返回良渚，要在良渚住两天，再好好看看。6月24日上午，张先生给刘斌出了几道题目，要他回答葡萄畈遗址下一步的发掘计划，以及今后怎样围绕莫角山、土垣等大型遗址开展考古工作。与葡萄畈相关的遗迹，到底是古代苕溪的大堤，还是围绕莫角山遗址的城墙，成了摆在刘斌们面前必须要回答的问题。

张先生走后，刘斌召集考古队员开会，一方面做好葡萄畈与白原畈发掘现场的后续保护工作。另一方面，队员们研究地图，踏勘现场，围绕着是城墙还是大堤的问题，做了各种可能性的推断。如果是围绕着莫角山的城墙，那么北墙可能在哪个位置，南墙可能在哪个位置。大家开始兵分两路，一组沿着凤山向东寻找，另一组沿着河池头的南面向东寻找。可是几天下来，一点苗头都没有。于是他们改变策略，大家集中在一起重点寻找北城墙。河池头南面没有，然后又到河池头北面寻找。

功夫不负有心人，直到9月28日，队员钻探确认了从苕溪大堤到雉山的800多米长的墙体。北墙找到了。可这真的是北城墙吗？他们又面临着同样的问题。他们找到的北城墙在接到雉山上之后，又消失了。此时还是不能排除这是古代苕溪大堤的可能性，因为这一段与北面的苕溪大堤还是相平行的。

从2007年10月1日开始，刘斌他们在雉山东面设定了几条钻探路线：一是沿雉山一路向东北方向，如果找到了，那就是苕溪的大堤；二是沿着雉山向南钻探，把雉山设定为城墙的转角；三是沿着雉山东面的前山向南的高地钻探，把前山设定为城墙转角。第一条在雉山和现在苕溪大堤之间，来回寻找，一直钻探到安溪的杜城村，也未能发现可疑目标。第二条在前山南面的高地下面，也未能找到他们想要寻找的石头地基。而雉山向南的钻探也迟迟未能发现石头的踪迹。难道真的是古苕溪的大堤吗？直到10月下旬，考古队员们几乎探遍了从雉山、前山到旧104国道之间的南北1000多米长的范围，最后终于在金家弄村北面的一块叫"外逃顶"的农田里钻探到了下面的石头。有了目标，他们迅速向南北扩大，北面连接到了雉山的东面，南面一直到小斗门村。当确认无疑是东城墙后，就开始理直气壮地宣布："这回可以肯定是城墙而不是苕溪大堤了。"有了东、西、北三面，南面的城墙位置就容易确定了。10月29日，他们终于在何村东面的台地下面钻探到了石头，然后迅速向两端延伸，至11月5日确认了南城墙的分布范围，东起小斗门村西，西至东杨家村与凤山东坡相连，全长约1600米。

至此，一个东西1600—1700米，南北1800—1900米，总面积约300

良渚古城北城墙

万平方米的四面围合的良渚古城，已经真真切切地摆在了大家的面前。真的不敢相信它竟是那么的庞大，远远超出了考古工作者以往对于良渚文化的认知。

为了尽快证实钻探成果，考古队员们同时在北城墙开了2条探沟，东城墙和南城墙各开了1条探沟，进行解剖性发掘。发掘的结果证明四面城墙在结构上、堆筑方式上与生活堆积的年代上都是完全一致的。底部普遍铺垫石头，上面主要用黄色黏土堆筑，四面探沟中叠压着的城墙坡脚均有良渚文化堆积，从堆积中所包含的陶片看，也都是良渚文化晚期的相同阶段。这为证明四面城墙的整体性和同时性提供了可靠依据。

11月7日，刘斌与省考古所所长曹锦炎向省文物局局长鲍贤伦汇报了良渚古城的考古发现。

11月9日，鲍贤伦局长考察了发掘现场，开始筹划新闻发布会。

11月26日，北京大学严文明教授应邀到良渚考察，严文明看了遗址发掘现场，并听取了工作汇报后，对良渚遗址的考古工作和良渚古城的发现给予了高度评价。严文明说：

良渚文化对于整个中国的文明影响很大，这与这个文化发达的高度有关，现在这个城的发现更加证明了这一点。多年来良渚的工作已经证明了这里是良渚文化的中心地区，这个区域有反山、瑶山、汇观山祭坛与墓地，有莫角山30多万平方米的大型土台。现在良渚古城的发现更加证明了这个认识，良渚古城是良渚文化社会发展的一个标志。

2007 年 11 月严文明（右三）考察良渚

严文明教授的"这里是良渚文化的中心地区"之说，等于是对良渚古城遗址的一锤定音。

11 月 29 日，在良渚遗址管委会召开了新闻发布会，由浙江省文物局局长鲍贤伦作了新闻发布。良渚古城的发现被誉为"石破天惊""中华第一城"，震动了考古学界，也引起了社会各界的高度关注。考古学界的专家学者和社会各界人士，以及省内外各级领导，纷纷前来参观考察。

2008 年 4 月 8 日，良渚古城遗址的考古发现被评为 2007 年度全国十大考古新发现之一。良渚古城的发现将以往发现的莫角山遗址及反山贵族墓地乃至良渚遗址群内的许多遗址组合为一个整体，为研究良渚遗址群 130 多处遗址的整体布局和空间关系提供了新的资料。

良渚古城发现后，省考古所制订了详细的考古工作规划，在张忠培先生的指导下，按照"三年目标，十年规划，百年谋略"的方针，认真梳理了良渚遗址已有的资料与存在问题，制定了良渚遗址考古的短期任务与长远目标。2007 年以来，在国家文物局、浙江省文物局、良渚遗址管委会的支持下，经过多年连续不断的考古勘探和发掘，对于城内外的总体格局以及修筑和使用情况，已经有了基本的了解。

2008 年，由良渚遗址管委会委托测绘局，对以古城为中心的约 8 平方千米范围进行了测绘，获得了这一区域的 1：500 的详细地形图。2010 年与 2012 年，省考古所与良渚遗址管委会请西安大地测绘公司对古城范围进行了无人机航拍航测，获得了 120 平方千米的高清数字正射影像图和配套的 1：2000 的矢量地图，为良渚遗址地理信息系统的建立提供了基础资料。2010 年，对良渚遗址群进行了测量控制网的建立，对遗址群以及更大范围进行统一布方编号。控制网计划布设 50 个区，包含遗址保护区及周边地区，覆盖面积约 313 平方千米。

与此同时，良渚古城城内的勘探及发掘也在继续推进。

根据实测，良渚古城略呈圆角长方形，正南北方向，古城南北长 1910 米、东西宽 1770 米，总面积 300 多万平方米。利用凤山、雉山两座自然山丘为西南角与东北角，城墙总长约 6 千米，宽 20—150 米，保存最好的地段高约 4 米。城墙底部普遍铺垫了一层厚 20—40 厘米的石块作为基础，可起到加固基础的作用，墙体则以取自山上的黄土夯筑。除南城墙无外城河外，其余三面城墙均有内外城河，形成夹河筑城的模式。目前共勘探发现 8 座水城门，四面城墙各有 2 座，与内外水系连通，水城门宽 50—60 米，南城墙中部还设计了一座由 3 处小型夯土台基构成的陆城门。

古城中部是由莫角山和皇坟山等构成的宫殿群。其中东西长 630 米、南北宽 450 米、高 9—15 米的莫角山宫殿基址位于正中心，占据了古城十分之一的面积，堆筑土方量达 228 万立方米，可媲美古埃及胡夫金字塔的石方量，其上分布有大莫角山、小莫角山、乌龟山 3 座宫殿台基，宫殿台基之间分布有面积达 7 万平方米的夯筑沙土广场，宫殿区共发现 35 座房屋台基。另外莫角山宫殿区以南分布着面积达 24 万平方米的皇坟山土台，皇坟山的最高处八亩山台基规模与体量与大莫角山相当且南北相对，推测也是一处宫殿台基。

莫角山、皇坟山以西为一处南北向高垄，高垄上自北向南分布有反山王陵、姜家山贵族墓地和桑树头贵族墓地。紧邻莫角山宫殿遗址西北角的反山墓地，反山以南的姜家山则清理出 17 座良渚文化时期墓葬，墓葬等级低于反山墓地。

除了沿着城墙的城河之外，在城内共发现古河道 51 条，河道宽度一般 10—50 米，深度一般 2—4 米，构成完整的纵横交错的水路交通系统，整个良渚古城犹如一座水城。据勘探，这些河道以及内外城河绝大多数为人工开挖而成，总长度达 31562 米。我们对莫角山以东的南北向主干道钟家港古河道进行了发掘清理，在钟家港南段西岸的李家山台地边缘揭露出保存良好的木构护岸遗迹，在钟家港南段东岸钟家村台地上发现大片的红烧土堆积，台地边缘堆积中出土较多黑石英石片、玉料、玉钻芯、石钻芯等遗物，说明此段河岸台地，应该主要是玉石制作的手工业作坊区，钟家港南段的发掘显示李家山和钟家村台地上可能分别存在漆木器和玉石器作坊，这是城内首次发现手工业作坊区。根据以往材料推测良渚古城核心区除宫殿区、王陵和贵族墓葬区外主要应该是手工业作坊区。

在良渚古城发现后，研究其空间框架结构成为考古所的重要目标，这主要涉及良渚古城外郭是否存在。在良渚古城发现之前，整个良渚遗址群内有根据现代地貌边界标定的 135 个独立遗址点。古城墙发现后，刘斌他们发现许多遗址点实际上是同一遗迹（如城墙）的不同位置，或者是古城的不同功能区，只是因为后期的破坏导致彼此分离。因此以往基于遗址点的观察角度，显然已经无法适应对古城的整体研究需求。有了城墙这一明确的线索，考古工作的目标思路就豁然开朗，观察的焦点就集中到了城墙外围的这个区域，考古工作从某种意义上说进入了顺藤摸瓜、按图索骥的阶段。

以城墙的基本形态作为参考，省考古所特别注意寻找那些同属于良渚时期，外形呈长条垄状的遗址点，以及能构成框型结构的若干遗址点的位置关系。但是这些遗迹因为受到晚期的破坏，可能已经变得断断续续，所以需要在一个平面图上去复原这些地点的原有关系。其间，他们对古城东部区域进行了大规模的基础钻探，获得了这个区域内古水系和文化堆积的翔实材料。作为一种尝试，考古工作者们开始利用良渚古城区域 1∶500 比例的手绘图在 GIS 软件中制作了数字高程模型（简称为 DEM），结果有惊人的发现。从制作出的 DEM 图中，可以看出莫角山是标准的长方形轮廓，其上的大小莫角山和乌龟山这 3 个高台也显示得非常清晰，更为重要的是，这张范围不大的图里，可以明确地发现良渚古城东南部外侧，存在着一个长方形的结构体，它由美人地、里山—郑村、卞家山分别构成北、东、南三面墙体，并和良渚古城的东墙和南墙相接续。结合之前钻探的信息，考古工作者们认为这一周框状的结构应和良渚古城密切相关，它可能是与古城不同阶段的另一墙圈，也可能是古城同期的外部附属结构。

基于这样的认识，省考古所迅速开展了美人地、里山两个地点的发掘工作，证实这些条垄状遗迹是由良渚晚期若干次的居址逐步加高形成现状

良渚古城示意图

的。作为良渚古城的附属平民居住区的可能性很大。这种长条形框状聚落，与普通良渚基层聚落的形态完全不同。基层聚落都是呈散点状分布的小聚落，每个间距500—1000米，聚落面积0.4万—2万平方米左右，每个聚落都以自身土台为中心，周围围绕着该聚落的水域和耕地。这是水网平原地区和良渚稻作农业形式结合而形成的最优布局。而古城周边的这一框状长条聚落，相当于几十个散点式基层聚落的面积总和，其上居住的人口甚多，如果也是从事稻作生产，则围绕着它的稻田面积巨大，从居住地到稻田的距离会非常远。而我们的稻作专项研究调查显示，它的周边并没有良渚稻田分布，而是一般的沼泽，所以这一圈的居民应该不是从事稻作生产的农民，而应该是最早的城市居民。因此，这周边的居住地，当是古城的外郭。

因为DEM在遗迹寻找上具有重要的指示作用，因此考古队员们迅速扩大了古城周边1∶500地图的测绘范围，并根据新的地图，制作了新的DEM。结果发现在古城的北边，还有两条长条形的结构，与美人地—里山—

郑村—卞家山共同构成外郭结构。同时，考古工作者们发现良渚古城中心的宫殿区、城墙和外郭依次降低，构成了三重同心结构，是中国都城的宫城、王城、外郭城三重结构的滥觞，考古工作者取得极为重要的认识，是中国古代城市研究的重大突破。

良渚古城的考古成果得到了国内学术界的广泛认可，张忠培先生早在1995年时就根据反山、瑶山等墓地的发现撰文指出，良渚文化已经进入文明社会，随着良渚古城的发现和日益丰富的考古成果，他进一步指出："从目前的考古发现和研究来看，如果我们要谈中华五千年文明，只有良渚文化的良渚遗址能拿得出来。"而这一时期是神权和军权并重的神王之国的国家形态。严文明先生在2016年良渚文化发现80周年学术研讨会上讲到："假若良渚是一个国都的话，那些（指福泉山、寺墩等）就是各个州郡所在地，这就是一个很像样的广域王权国家了。"李伯谦先生也认为，良渚文化已正式进入王国阶段，是中国王国阶段的开端。

随着几次国际会议的召开，良渚古城也越来越得到国际考古学界的关注，英国社会科学院院士、剑桥大学教授科林·伦福儒先生与刘斌先生联合撰文指出，良渚古城已展现出强大的社会组织能力，良渚文化的复杂程度超过英国的巨石阵、希腊的克罗斯等早期文明，已超出酋邦的范畴，是东亚最早的国家社会。

7. 良渚水坝发现记

"这条河，他们说流了五千年了。"

一位诗人在微信公众号上写下这句话后，还配上了几张金黄稻田的照片。

这些照片拍于良渚古城遗址公园，怪不得说五千年呢！

因为这条河可能就是有来历的，或许跟良渚水坝工程有关，这个工程用概数说是在五千年前的。不过也有一个疑问，如果三千年前西湖还是一片海侵的汪洋，那为什么离西湖不过20多千米的良渚城外已经是阡陌纵横、河道通畅？

这个疑问也许不难解答，良渚王城的发掘，可能会让人们产生另一个疑问，这个王城是怎么消失的呢？洪水说就是其中一种观点。当然这是另一个话题，或者说是另一本书的内容了，而我们接下来要说的，是良渚的水坝和水利系统。

良渚水利工程是良渚申遗前最近的一次考古发掘，那的确是一个惊人的发现，关于这一内容已经有王宁远的口述文章《良渚古城外围水利系统发现记》，记述甚为翔实。而在浙江卫视的三集纪录片《良渚》的第三集《文明之道》中，主要就是讲述良渚的水利工程，按片名所寓的意思，这良渚的河流与水坝，正是一条文明的河流，绵延五千年，你看她的时候她不动，但她却又无时无刻不在流动，与土地与人类发生着关系。

是的，人类自古怕水，却又逐水而居。

人类自古怕火，却又烧火做饭取暖。

都说水火无情，可是人类的早期文明无不在水火之中催生，利用好水和火，某种程度上就是一种文明。

人类智慧之源也许正是来自与自身相生相克的水和火！

如果我们放到历史长河中去观察，人类早期文明基本以河流及流域为发源地。

古巴比伦起源于幼发拉底河与底格里斯河的两河流域，即人们常说的美索不达米亚。

古埃及国土紧密分布在尼罗河周围的狭长地带，古埃及人通过治理和控制尼罗河年复一年的雨季泛滥获得了农业生产的巨大成功。

古印度文明首先起源于印度河文明，接着诞生了恒河文明。

说到中国文明起源，同样离不开中国的两条大河：黄河与长江。

之前的所有考古发现，都把目光停留在黄河文明上，从 20 世纪 30 年代起，尤其是 2019 年良渚申遗成功之日起，长江文明已经和黄河文明处于同等重要的位置上，专家们开始用"多源文明"和"重瓣花朵"等词语来概括中华文明。

在中国的不少古老传说中，就包含了先人对自然万物的探索，如后羿射日和夸父追日都是关于太阳的，嫦娥奔月是关于月亮的，牛郎织女是关于天河（银河）的，而大禹治水则是关于水和洪水的。

大禹治水的传说，在中国虽然家喻户晓，但那只停留在传说层面，因为没有发现大禹治水的实物和实迹，所以禹这个人物，虽然出现在尧舜禹的谱系当中，但还是缺少了实证支持，大禹治水的传说从某种程度上也反映了先民恐水的普遍情绪，所以渴望出现一个会治水的圣君。

圣君可能有，圣君也可能没有，但是先民的智慧却是无与伦比的。

随着良渚古城遗址神秘面纱的层层揭起，之前可能谁也没有想到，谁都不敢想到，在长江下游一个丘陵地带，在良渚古城遗址城址区西北方，在天目山东端北支余脉大遮山，居然发现了与古巴比伦、古埃及、古印度同时期又在当时绝对举世无双的庞大水利系统工程，比传说中的大禹治水还早了一千多年。

事实上，余杭这块土地，也是洪水多发地区，包括良渚古城的消失，原因归咎于洪水也是一个主要的说法。

而要说到良渚古城遗址水利系统工程的发掘，王宁远是领队，就是以他为主，将良渚古城遗址的完美呈现推向了一个极致，在良渚古城遗址被列入世界文化遗产名录之前，为80余年的良渚遗址考古发掘史提供了一台压轴大戏，并为良渚古城遗址未来的进一步发掘研究注入了更大的梦想与希望。

王宁远认为，良渚古城遗址由瑶山遗址区、谷口高坝区、平原低坝—山前长堤区和城址区构成。其中，谷口高坝区、平原低坝—山前长堤区共同构成的外围水利系统位于良渚古城遗址城址区的西面和北面，是古城建设之初统一规划设计的城市水资源管理工程。修建于距今5000—4850年，是中国迄今发现最早的大型水利工程遗址，也是世界上已发现的最早的堤坝系统之一。

这里最亮眼的一句是——城市水资源管理工程。

具体来说，谷口高坝区实际由两部分组成。左上方连接自然山体的3个坝（秋坞遗址、石坞遗址、蜜蜂垄遗址）同守一个谷口，阻截了来自大遮山左上方的支流，正北方的3个坝（周家畈遗址、老虎岭遗址、岗公岭遗址）同守一个大谷口，似乎阻截了来自大遮山深处的主流。这两组高坝截阻后的溢流汇集其他支流又被山脚串连小丘而筑的平原低坝阻截，形成第二道防洪大堤。这条大堤其实又可分为三部分——由西部的平原低坝区、中部的山前长堤区和东部的塘山遗址组合而成。西部的平原低坝区又由梧桐弄遗址、官山遗址、鲤鱼山遗址和狮子山遗址4个坝串成。上下两道坝系，形成两道防线，无疑是一套顺应山势地形而又充满智慧的组合拳，是拳拳落到点位的真功夫。

这两道防线，共由 11 条水坝组成，设计在良渚古城宫殿、内城、外城三重结构之外，整体控制面积达 100 平方千米，既解决了大遮山脉丰沛的水量对古城的冲击与危害，而坝系造就的诸多大小水库，又可合理调节古城内外水位，为农田灌溉带来水利之便。

早在 1981 年，省考古所在瓶窑吴家埠遗址现场建立常驻基地那年夏天，第二代良渚考古人王明达就已注意到孤丘北侧有一东西向的长垄，绵延甚长，形态规范，从土路的断面观察，应属人工营建。但那时土垣上连陶片都不见一片，所以一直没有获得更多的关注。

高坝低坝形成的库区推测

1. 塘山遗址	5. 梧桐弄遗址	9. 秋坞遗址
2. 狮子山遗址	6. 岗公岭遗址	10. 石坞遗址
3. 鲤鱼山遗址	7. 老虎岭遗址	11. 蜜蜂垄遗址
4. 官山遗址	8. 周家畈遗址	

尽管土垣的性状不明，但当时良渚遗址群的概念已成学界共识，规划人员和考古工作者还是很敏锐地将其整体划入到建设控制地带范围内。

1996 年，良渚遗址群被列入全国重点文物保护单位。为深入了解遗址分布，确立重点保护地段，考古工作者展开了新一轮的考古工作。土垣的年代判断就成为工作目标之一。1996 年 12 月—1997 年 1 月，由王明达带队，在土垣的金村和西中村毛儿弄两个地点进行了三次试掘。1997 年 1 月 2 日，露出了良渚文化层。在试掘过程中，考古工作者对土垣沿线和周边环境进行了调查，根据当地村民对遗址的称呼，正式改"土垣"的称谓为"塘山"，这就是塘山遗址名称的由来。这条位于良渚遗址群西北部，长 5.5 千米的水坝，能让古城避开北面来自大遮山的山洪侵袭。它从西到东分成三段，东、西段都为单层坝体，而中段则为双层坝体结构，北坝和南坝有着 20—30 米宽的稳定间距，并且保持同步转折。

王宁远在接受浙江卫视的采访时这样说道：

> 这是一种非常精密的控水结构。水利专家其实看见了这个东西，会觉得非常的惊讶，就觉得 5000 年前设计已经超出他们的想象。当时山洪来的时候，它同水流进来以后，流经这里以后，它相当于蓄在一个比较缓的一个水柜里面，那么因为水势减弱以后，泥沙就沉下去了。好，那么然后我们就可以把这个地方的泥沙疏浚掉以后，它整个水路是畅通的，可以保证整个水利系统不会被淤死。

2002 年 4—7 月，考古队对塘山金村段再次进行发掘。在此次发掘中，对塘山遗址的性质功能有了比较明晰的判断。《中国文物报》2002 年 9 月

20 日第一版发表了王明达、方向明、徐新民、方中华联合署名的《良渚塘山遗址发现良渚文化制玉作坊》一文，认为塘山是一处良渚先民人工修筑的防洪堤，其上的制玉作坊是利用塘山地势较高、相对安全的条件选择的地点。这一观点得到了多位学者的一致认同。

接着是高坝系统 6 条水坝的发现。

2009 年 9 月中旬，有群众举报在遗址群西北的彭公村岗公岭有人盗墓，现场暴露出大量青膏泥。

岗公岭地属瓶窑镇彭公村，位于良渚古城西北约 8 千米的山间，宣杭铁路和新 104 国道在此处转了个近 90 度的大弯，沿山谷朝东北方向上行通往德清。这个山谷南端最窄的位置有个东西向的小山，正好处于铁路转角和公路转角之间的位置，表面长满植被，几乎不能把它和两侧的自然山体区分开来。2009 年，彭公村有人将其租用，拟开办竹器市场，结果平整后暴露出大量的青膏泥。因为青膏泥非常致密，战国到汉代的大型墓葬常用它作填土，以隔绝空气，达到防腐的目的，如著名的长沙马王堆汉墓即是如此。盗墓分子的嗅觉一向非常灵敏，紧贴新 104 国道的这处青膏泥很快引来了几个不法分子，他们到彭公村后，找当地村民试探，意图合作盗墓，不想没能谈拢，没来得及动手就被举报了。这也可见良渚老百姓的觉悟有多高了，公安机关及时进行了查处，抓获了犯罪嫌疑人。

2009 年 9 月中旬，文物部门接报后，省考古所刘斌、余杭区文广新局林金木、良渚遗址管理所费国平等会同公安部门的同志进行现场踏勘。发现该地地貌为一西北—东南走向的小山，顶面大部已经被推平，仅东南存一断坎，高达 7 米多。断面可见其表面覆盖一层 2—3 米厚的黄土为外壳，内部全是青膏泥，结构类似豆沙包，可知小山实是人工堆土而成的遗迹，

岗公岭断面显示的堆土结构

与两旁自然山体的石质构造判然有别。其西端被宣杭铁路破坏，东部被新104国道西侧岔道叠压，岔道东面已属山体基岩，破坏很小。东西向残长约90米，南北宽约80米，体量巨大。从迹象判断，其性质并非墓葬。刘斌联想到2000年在距此几千米处发掘的"彭公战国水坝"，推测两者功能类似。当时整个施工现场都没有发现陶片等遗物，应该是挖掘淤泥和山体的生土堆筑，年代无法判断。岗公岭北侧有户村民家门口发现有东汉墓随葬品，询问得知是小山顶部出土的，可知遗址年代不晚于东汉。考虑到即使是战国或者汉代这么早期的水坝也极为重要，有关部门当即要求停止施工建设，保存现状，开展进一步考古调查，主要向其东西两侧山谷寻找可能的坝体。至2009年底，又在附近发现了5处类似坝体，根据所在位置周边的山体，分别命名为老虎岭坝、周家畈坝、秋坞坝、石坞坝和蜜蜂垄坝。这些坝体皆位于两山之间的谷口位置，构成了水坝群。

关于坝体的断代，有一个现象引起了考古工作者的关注：一次调查时，在岗公岭断面上偶然发现了一块很碎的良渚文化时期的夹砂陶片。从考古地层学的角度，表明这条水坝的营建年代上限不会早于这块陶片所处的良渚文化时期。其顶部又被东汉墓葬打破，所以水坝的年代就是良渚到东汉之间的某一个时间。这虽然不足以证实水坝就属于良渚文化时期，但是考古人根据土质土色等一些细节，已经隐隐地产生了这种直觉，但需要证据。凑巧的是，因雨水冲刷，岗公岭坝的地面和断坎暴露出大片草茎。2010年1月18日，刘斌和王宁远等到岗公岭现场，发现这些草保存得相当之好，现场可以用手把每块草裹泥掰开。刚暴露时草呈黄褐色夹杂一些蓝色，很快便氧化成黑褐色，可以分出一根一根的草茎。仔细观察可发现，每一包的草茎都是顺向分布的，并没有相互交错叠压，说明这不是编织过的草袋，而是用成束的散草包裹淤泥的。

王宁远认为这就是"草裹泥"，他们看见的坝体上面的那些痕迹，其实就是它烂掉以后形成的痕迹。后来经过鉴定，这些草确认是南荻之类沼泽上常见的植物。良渚先民用南荻包裹上淤泥，再用沼泽地里另一种常见的植物芦竹捆扎起来做成"草裹泥"，再把它们像砌砖一样，横竖相互咬合排列、压实，其作用与现代临时堆砌堤坝使用的草袋装土类似，可使坝体增加抗拉强度，不易崩塌。这些"草裹泥"中有些草已经开花了，按照植物习性，南荻的开花季节在10月到12月，也就是秋冬季节。那么可以推断良渚先民做草裹泥的时间应该在秋冬季，一方面因为正逢农闲，另一方面水位低，比较方便施工，这跟我们现在习惯上的冬修水利非常吻合的。

有了这些草，就可以进行碳14测年。当时采集了3个样本送到北京大学进行年代测定，一般需要几个月到一年时间，所以考古队还是按部就班地进行着考古调查。

这年 7 月的一天，刘斌忽然接到北京大学考古文博学院赵辉教授的电话，告知岗公岭 3 个数据树轮校正后都在距今 5000 年左右，属于良渚文化早中期，并告知刘斌要对水坝引起高度关注。

由此，坝系考古进入一个拐点。

王宁远回忆，记得刘斌是在八角亭办公室的门口，把这个消息告诉他的，当时他们都非常兴奋，直觉果然被验证了，毫无疑问，这是良渚文化考古的又一个重大发现！尽管只有这一个坝的年代数据，但根据形态和系统分布特征分析，其他坝体也极有可能属于同一时期。他们立刻决定加大力度，再一次进行深入调查，以探明整体布局，并进行功能研究。通过分析，发现高坝的 6 条坝体可以分为东西两组，其中岗公岭、老虎岭、周家畈构成东部一组，坝高约 30 米，共同控制了一个山谷的来水。往西的秋坞、石坞和蜜蜂垄又构成另一组水坝。

发现水坝后，考古工作者进一步对其性质和作用进行了多学科研究。中

秋坞—石坞—蜜蜂垄坝体现状

国社会科学院考古研究所刘建国、王辉等参与了调查，并利用 GIS 手段对该系统进行了分析。原先推测水坝的作用可能是雨季阻挡北侧山谷的洪水，将其导向山北侧的德清，防止对下游的良渚古城造成威胁。刘建国通过遥感（RS）和地理信息系统（GIS）分析，认为坝体会在山谷间形成一个山塘水库，而不可能分洪到北侧的德清地区。他还通过集水面和降雨量的分析，推测高坝可以防止 890 毫米的短期降水，达到可防百年一遇洪水的水平。

2011 年 2 月，全国第三次文物普查进行百大新发现评选，良渚考古队和余杭区普查队共同撰写了《彭公水坝遗迹可能与良渚古城外围防洪系统有关》的消息，发布在《中国文物报》2011 年 2 月 25 日第 4 版上。11 月，彭公水坝系统顺利入选第三次全国文物普查百大新发现。

如果说高坝的发现是有意为之，那低坝系统那 4 条水坝的发现，多少有点无心插柳的意思了，只是它有一个前提，即你心里如老想着柳，于是柳就出现了，这跟昆曲《牡丹亭》中杜丽娘梦见柳梦梅是一样的。

王宁远心中的"柳"来自已解密的美国间谍卫星照片。事实上这不是什么秘密了，几年前笔者曾看到有人也通过类似的方式寻找 20 世纪 30 年代位于杭州笕桥的中央杭州飞机制造厂的旧址，照片甚至可以清晰到铁轨、仓库等。

2011 年初，良渚考古队得到了一个已解密的良渚地区 20 世纪 60 年代的美国间谍卫星影像。当王宁远在八角亭办公室电脑上顺着苕溪熟悉的转折找到古城的位置，连续点击放大时，呈现出来的景象——用王宁远自己的话来说——只能用震撼两字来形容。这张黑白照片中，考古队花费几十年千辛万苦才找出来的良渚古城的各结构部分：莫角山及其上的三个小高台、城墙、外郭、塘山以及西北部岗公岭诸水坝皆历历在目，几乎所有的遗址

美国卫星照片上良渚遗址点示意图

点都能在上面轻易找到。也就是说，如果研究者早一点看到这张卫星照片，很可能良渚古城的结构可以更早被发现。

但是历史不能假设，有的时候，早一点晚一点，都可能会擦肩而过，甚至会永远失之交臂。是的，在此之前，谷歌高清卫星照片已经覆盖了这个区域，还请专业公司用无人机制作过整个片区分辨率高达8厘米的正射影像，但这些影像对于遗迹结构的显示都很不理想。因为谷歌卫星照片和我们的数字正射影像都做过正射处理以保证平面测量的精度，同时为了避免影像反差过大导致画面细节损失，往往有意识地选择在阴影较弱的光线条件下拍摄。阴影是地表结构能在画面中凸显的关键因素之一，早期的锁眼卫星照片都是倾斜拍摄的，目的是寻找地面军事设施，光影角度的选择特别有利于地表结构的显示。综合分析，那个年代良渚一带农村烧饭尚未使用气源，村民都要上山砍柴，所以山体上植被很少。当时也还没有开展大规模的基本建设，原始地貌保存较好。该卫星照片拍摄的时间为1969年2月11日，正是冬季自然植被很少的季节。根据解密信息，结合拍摄时间和分辨率推测，可能是锁眼系列中第二代的KH-7卫星所拍摄的，影像分辨率很高，精度大约0.6米。

仔细分析这张卫星照片，它画面呈长条形，西起余杭百丈，东到海宁许村，北达超山北侧，南部覆盖笕桥机场，所摄范围达1000平方千米。

拿到这幅卫星照片之后，刘斌让王宁远仔细找找高坝系统还有没有漏掉的坝体，所以王宁远经常在办公室电脑上放大这个区域，仔细寻找。一天下午，他无意间把图幅推得过于靠上了，忽然发现下面两个近圆形的山体间连着很长的一条垄，看形状很可能是人工堆筑的。他立刻缩小画幅确定其位置，发现已在高坝南部相当远的地方了。为了验证地形的准确性，他打开了谷歌地图，果然在相同位置也找到了它。根据地名标注，其东部为新104国道，再往东为南山和栲栳山，通过栲栳山居然连上了毛元岭和塘山！这就意味着，如果这是个良渚的坝，那它们就和塘山构成了一个整体！王宁远立刻把这个消息告诉了刘斌，刘斌决定立刻派人去钻探验证，他找了祁自立，这个陕西汉子是良渚古城发现、高坝系统勘探的主力技工。

王宁远发现，在这两个山体中间有这么一长条，像哑铃中间的柄一样，自然界是不会形成这种结构的，根据在高坝上发现的规律，可以判断这很可能是人工堆筑的。然后，王宁远就派了技工用洛阳铲去钻，祁自立只用了两天时间，不但证明了这一条是人工堆筑的，而且还发现其两边还有另外两条人工短坝。

2013 年 9 月 28 日下午，王宁远带着祁自立、范畴在宣杭铁路西侧的疑似地点梧桐弄附近用洛阳铲钻孔。这里是一条东西向长垄，有百米许，中间和西侧被两条小路切断，断口是一种纯净的红土，附近还有个地名叫赤坝，之前他们多次在中间的断口处勘探过，一直未发现人工堆积的证据。那天王宁远和祁自立在北侧水稻田里钻探，范畴在高垄西侧断口下勘探。忽然范畴喊王宁远过去，说是发现了草包泥！草包泥是人工堆筑最具说服力的证据。

于是第 4 条水坝就这样被发现了。这再次证明之前的判断是正确的。

最后发现的这 4 条坝体，海拔较低，被称为"平原低坝"。

由此，南侧的这组新的水坝就被整体揭露出来了，因为它们的坝顶高度在 10 米左右，所以被称为低坝系统。它们通过栲栳山、毛元岭等自然山体，最终和塘山连接，构成了南线大屏障，与北部山谷间的高坝群形成呼应。这一发现使大家认识到塘山并非独立的水利设施，而是整个水利系统的一部分。至此，整个良渚古城外围水利系统的框架基本显现出来了。

水坝系统揭示后，判断其年代成为一个重要任务。在 11 条水坝中，塘山早年经过多次发掘，上部发现墓葬和玉器作坊，属于良渚文化时期无疑，其他坝体则都未经发掘，没有地层依据，坝体又都由生土堆筑，几乎不见遗物，所以更多要依靠碳 14 测年手段进行绝对年代的测定。

2013 年夏，考古工作者将 7 个水坝（当时梧桐弄尚未发现，塘山、官山无样本，岗公岭已测）共 15 个碳 14 样品送到北京大学检测。到 2014 年 7 月，结果终于出来了。7 个水坝的 15 个样品中，石坞样品因有机质含量太低无法检测，其余 6 个坝共有 11 个样品得出检测结果，树轮校正后的数据全部落在距今 5000—4700 年之间，果然和他们所预料的一样，都属于良渚文化早中期。这期间，岗公岭的 2 个样本又送到日本年代学研究所做了测定，结果和北大的数据只差了十几年，可以证实这些结论都是准确可信的。

2017 年 7 月，考古工作者再次将包括塘山、梧桐弄、官山、石坞、蜜蜂垄在内的所有坝体全部取样送北京大学检测，获得的 14 个数据全部落在距今 5000—4900 年间，具有高度一致性。因此可以很有把握地说，良渚水利系统是距今近 5000 年时统一规划和建设的水利系统。

回首往事，王宁远说，因为涉及范围太广，考古发掘、保护与当地经济建设的发展是一对不可回避的矛盾，因此在百分百铁定证实前，考古工作者一直对水利系统的新发现保持着低调的态度，但是 2014 年的一次意外破坏使他们意识到了巨大的风险。这年下半年的一天，考古队发现老虎岭和岗公岭之间的山体正在遭遇施工破坏，经了解是彭公村为安置 104 国道拓宽的拆迁户，拟将该处小山推平用于村民建房。幸好发现及时，经过良渚遗址管委会紧急叫停后，将局部山体复原，未造成更大的破坏。在外围水利系统中，塘山在 1995 年就被划入良渚遗址保护区范围内，没有被破坏的危险。而高坝系统和低坝系统则全部落在保护区外，面临着建设破坏的严重威胁，必须经过发掘提供科学依据，将其纳入文物保护的体系中来。因此，考古工作者向国家文物局提出了发掘申请，拟对高坝和低坝各一个地点进行发掘。

2015 年，国家文物局批准，由省考古所对高坝和低坝进行主动发掘，由王宁远担任领队，南京大学和山东大学具体实施。其中低坝系统选在鲤鱼山北侧，由南京大学教授黄建秋负责；高坝系统选在老虎岭，由山东大学博士郎剑锋负责。发掘开始时已近年底，发掘工作一直延续到了 2016 年。

郎剑锋博士主持的高坝老虎岭发掘，迅速带来了一个意外之喜。老虎岭坝北侧因为之前民工取土，形成了一个断坎，坎上暴露出草裹泥的痕迹，所以人工堆筑迹象非常明显。郎博士虽然主攻商周考古，但在田野考古方面很有想法，他先将坝体钻了些孔，分别在北侧断坎下和西侧与山体交界处布了两个探沟，并将整个断坎刮干净。结果在西侧探沟内，很幸运地发现了一个叠压在坝身之上的很小的灰沟 G3。王宁远回忆：那天郎博士很高兴地打电话过来，说是有重要发现，沟内发现的几片碎陶片，经过仔细辨别，应该是良渚晚期 T 字形鼎足、侧扁足、盉足的残片，还有一块石刀的碎片，这些都是良渚时期的典型器物，这些在其他遗址里数量成百上千，毫不起眼的碎陶片，在水坝这里显得万分金贵。他记得郎博士是将每一块陶片都用锡箔纸单独包好，献宝似的拿来给他看的。这期间，良渚古城正在发掘姜家山等墓地，出土了不少玉琮、玉璧等贵重玉器，但是在他们的心目中完全不能和这几块陶片相提并论。有了确凿的地层依据，就有了足够的证据判断坝体堆筑年代不晚于良渚文化晚期，而测年数据显示老虎岭遗址年代接近距今 5000 年，在这样双重证据下，老虎岭坝体属于良渚文化时期就确认无疑了。

刘斌认为，当把 11 条水坝都找到的时候，就可以把上游这么大的一个水库跟一个长的大堤连起来了，把它连到了良渚古城的北面，这样就跟良渚古城组合为一体了。这样一个大型的水利工程，也是人类发展的一个标志。再加上古城，由此人们对良渚文明的高度就有了特别清晰的认识。

2021 年的《考古》杂志第 6 期在"本刊专稿——良渚文化考古新发现"专辑中，刊发了《杭州市余杭区良渚古城外围水利系统老虎岭水坝考古勘探与发掘》一文，署名是浙江省文物考古研究所、山东大学考古与博物馆系联合考古队。

当然，良渚人造坝，不光为了防洪。

天目山系资源丰富，为良渚古城提供了丰富的玉料、石料、木材及其他动植物资源。而水运作为最便捷的运输方式，使天目山系的丰富资源被顺利地运到目的地。

但是这里山谷陡峭，降水季节性明显，夏天山洪暴发，冬天则可能断流。良渚人强大的改造自然的能力使冬天行船也成为可能。筑坝蓄水形成的库容可以形成连接多个山谷的水上交通运输网。专家做过测算：像高坝系统的岗公岭、老虎岭等，满水时，可以沿着山谷航行上溯 3000 米左右。

王宁远认为，从我们脚底下开始，良渚时期的水面，高坝库区的水面可以往上溯 3.5 千米，也就是说现在我们眼前的山谷里面的这些房子，当时都应该在水面之下。我们所在的、所看见的高坝库区，其实在良渚整个水利系统里面，它还是属于非常小的一个部分，下游的低坝库区要比它大很多。

北京大学考古文博学院赵辉教授认为，良渚水利工程一个科学技术高度发达的文明的产物。良渚本来是个沼泽地，良渚人怎么能在那建个城呢？怎么在那生活呢？所以良渚人一定对周围的环境有非常深刻的了解，才有水利工程的修建，也才有可能修筑起大城来。

良渚先民创造的江南水乡生活模式，延续了 5000 年，直到 20 世纪初期，也没有什么大的改变。

2010 年，茅山遗址发现了一条良渚文化时期的独木舟，和如今的独木舟样子差不多，全长 7.35 米，最宽 0.45 米。这是良渚文化首次发现独木舟，也是目前国内考古发掘出土最长、最完整的史前独木舟，距今 5000 年，目前这条独木舟陈列于位于临平的中国江南水乡博物馆。

有船，有木桨，就代表了有码头的存在。

卞家山遗址的周围，有良渚先民遗落的木桨。在这个聚落的南部水岸处，发现了 140 多个木桩，底部削尖，插入原河道的淤积土中，它们的顶部应该架有水平分布的横木。

这意味着这里曾经有过一个大型码头。码头分两部分，一部分是沿岸的埠头，由三排并列的木桩支撑，一部分是外伸的栈桥，以大致等距的横排木桩为桥墩，两者构成一个"L"形的木构码头，体量较大，可以同时停泊多艘独木舟或竹筏。

良渚先民还通过修建水渠，将坝区的水引向周边稻田，正是在一年又一年的春耕秋收中，保证了良渚古城延续千年的文明。

中国水利史的第一课，一般是从大禹治水讲起的，距今 4100—4000 年。可惜，一直没有发现实物。而良渚先民营建的水利设施比大禹治水还要早 1000 多年，影响面积 100 多平方千米，是同时期世界上规模最大的水坝系统，也是同时期规模最大的公共工程，堪称"世界第一坝"。

刘斌在接受浙江卫视的采访时说，水的管理是一个文明发展的标志。那么为什么世界很多国家都有治水的传说，因为这个治水你不能光管你这个地方，你上下游得互动，你得很多地方互动，所以治水除了需要治水的技术智慧之外，它还需要更大范围的人群之间的联盟。治水的水平，代表了文明进步的水平。

严文明教授认为，古代两河流域，有一个古国叫苏美尔。苏美尔就是以水利工程起家，建起来的一个古城。良渚文化和苏美尔文化的年代差不太多，严文明认为良渚水利工程的规模比苏美尔还厉害。

因此，可以说良渚水坝的发现不仅是中国水利史的奇迹，更堪称世界水利史的奇迹。

日本考古学者中村慎一认为，大家（原来）都认为埃及的水利工程是世界上最早的，但是因为良渚遗址群的发现，大家知道了世界上最早的水利工程在中国浙江，在良渚。因此，可以说良渚文化水利的发达程度已经远远超出我们过去对它的想象，它为人类历史发展过程提供了各种各样的线索，这个贡献是非常巨大的。

在距今 5000 年前，良渚先民已经具备了全流域的水环境规划和改造能力，水利系统工程浩大，仅外围堤坝的总土方量就达 260 万方。其规划视野之阔、技术水平之高、动员能力之强令人惊叹。

英国考古学家杰西卡·罗森说，最让他印象深刻的是良渚的水利系统。通过观察良渚中心周边的大坝、水库，以及城墙，可以推测出该地的劳动力数量、社会组织和政府的效率。这些都是非常重要的特点，可以告诉我们这里有大量的人口而且管理有序。当时的良渚人是在有组织地统一管理下完成这项工作的，并且这种社会结构持续了很长的时间，前后约 800 年。

2022 年的秋天，王宁远在一则由省考古所和《钱江晚报》共同推出的短视频中说，他主持的这个水坝发掘项目，是全国最穷的考古项目，因为十多年来没有发现一件文物，但为什么还要坚持十几年呢？因为它太重要了，重要到不仅会改写中国水利史和文明史，还会改写世界水利史和文明史。

至此，良渚考古发掘已经几乎可以用"完美"二字来形容，从 1986 年到 21 世纪的头 10 年，考古工作者用 20 多年的考古发掘和研究，把中华五千年文明已经"坐正坐实"了，接下来就是申遗之路了。

第三章 | 申遗之路

良渚文化遗址，属于历史，属于现在，更属于未来。

20 世纪 80 年代以来，良渚文化遗址考古发掘取得了丰硕成果，良渚遗址的价值不断提升。1994 年，良渚遗址被列入中国世界遗产预备名单，而遗产完整真实，是申遗的重要标准之一。要保证遗址的完整真实，对遗址的有效性保护便成了重中之重。

打一个不恰当的比方，申遗就像两条腿走路，考古发掘是一条腿，但光是一条腿还走不了路，或者说是走不快走不好的，还得有另一条腿的齐心协力，这另一条腿就是对遗址的保护。

1．规划与立法

1994 年 7 月，《关于切实加强良渚文化遗址保护工作的建议案》提交浙江省政协七届七次常委会议审议。这份建议案是由 30 多位省政协委员对良渚遗址进行调研后所撰写的。建议案后还附有三位政协老领导共同署名的长达 10 页纸的建议书。厚厚一叠纸上字字句句饱含了对良渚的爱护与期望。次年，浙江省人民政府以浙政发〔1995〕133 号文件公布了《良渚遗址群保护规划》，良渚遗址保护走上了依规管理的"快车道"。1996 年，良渚遗址被列入第四批全国重点文物保护单位。

当时的余杭市逐步确立了良渚、瓶窑两镇"跳出遗址求发展"的思路，要求两镇在遗址区外开辟新的发展区域和生产生活空间，实现遗址区内正在成形的和已经成形的集镇逐步向遗址区外转移。

1997 年，我国第一个大遗址保护规划——《良渚遗址群保护区总体规划》（以下简称"《总规》"）开始编制。2003 年，《总规》编纂结束。此后，随着良渚遗址考古发掘的不断深入、遗产价值认识的不断深化，《总规》经过近 10 年的打磨，最终于 2013 年正式获批，良渚遗址的保护终于有了重要依据。

除了规划，还需要把法的思维、法的精神贯穿大遗址的保护。2001 年12 月，杭州市第九届人民代表大会常务委员会第三十九次会议审议通过了《杭州市良渚遗址保护管理条例》（以下简称"《条例》"），2002 年4 月 25 日，浙江省第九届人民代表大会常务委员会第三十四次会议批准，《条例》自 2002 年 6 月 1 日起施行，成为全国首个大遗址保护地方性专项法规条例。在《条例》中，提出了"保护为主，抢救第一，合理利用，加强管理"的方针，对标世界遗产保护的国际准则，以确保遗址的真实性和完整性。

其实，良渚遗址保护的政策法规以及村规民约，很早就在当地实施了。1983 年，良渚镇各村将保护良渚文化遗址列入了《村规民约》。1987 年 7月，全国开展宣传"文物保护法"，良渚镇政府结合实际，专门发布了《关于切实保护良渚文化的若干规定》。1990 年 4 月，余杭县人民政府下达了《关于确定良渚文化遗址保护范围及建设控制地带的通知》。同年 10 月，余杭县土地管理局、余杭县文化局又发布了《关于在良渚文化遗址保护范围内加强基建用地管理的通知》。1993 年 8 月，浙江省文物局制订《余杭县良渚文化遗址保护规划》，并颁布《关于严禁在莫角山遗址范围内进行基本建设的意见》。仅仅过了 2 个月，余杭县人民政府又发布了《关于进一步加强良渚文化遗址群保护管理工作的通知》。

正是这些规划、法律和法规，使良渚遗址保护有了"戒尺"，遗址保护的安全屏障日益牢固。在此基础上，杭州市有针对性地制定了《良渚遗址保护总体规划（2008—2025）》《良渚古城外围水利工程遗址保护范围和建设控制地带划定方案》《良渚古城遗址保护管理规划（2013—2025）》，这些保护管理规划的相继出台，为良渚遗址保护工作提供了政策指引。

2013 年，根据良渚古城发现以后的实际情况，杭州市对《杭州市良渚遗址保护管理条例》进行了修订，修订后的《条例》从"保护范围和管理机构""规划与管理""考古与展示利用""法律责任"等方面对良渚遗址的保护管理提出了更为详细和具有针对性的要求。随着良渚遗址保护的法律法规和系列规划不断完善，形成了市、区、镇（街）、村（社区）4 级遗址保护网络，建立起文物、城管、国土、公安等单位共同参与、齐抓共管的联合机制。

2. 困局中破题

20 世纪末，良渚遗址一直处在保护与发展的矛盾中。当时，《总规》正在编制，保护圈的范围大小直接关系到保护的力度，对地方政府而言，需要做到保护良渚遗址与经济发展"两不误"，并非易事。

最为棘手的，当属石矿的关停。

大遮山，天目山余脉，蕴藏着丰富的优质石材，石料质量好、运输也便捷，大遮山脚的安溪镇也就成了良渚周边规模最大的石矿开采区。20 世纪 80 年代开始，安溪"靠山吃山"，陆续开办起了采石工厂。"良渚勾庄千厂万厂，不如安溪石炮一响"，矿山开采，成了安溪的重要税收来源和当地百姓的主要收入来源。

虽然靠"卖石头"，安溪人快速地走上了致富路，但是负面影响也逐步显现出来了。由于石料厂的生产爆破，造成了巨大的噪声污染，吵得周边村民无法休息，甚至还有人被每日不断的噪声影响了听力。

除了噪声污染，漫天的粉尘随风飘散，也给百姓生活带来极大的困扰。如果是晴天，石矿爆破之后，安溪镇的上空尘土飞扬，矿区 1 千米范围内的农户家中的桌子上，覆盖着白白的一层粉尘，手指一划可以在桌面上写字。村民只能天天把门窗关得严严实实的，但粉尘还是无孔不入。

惊天动地的爆破声，树林上空的飞沙走石，自然山体的被破坏……正吞噬着村民平和安宁的生活。

各种矛盾也由此产生。

最为揪心的是，遗址区被石矿团团围住。安溪镇下辖的 9 个村中有 6 个村是良渚遗址的核心保护区域，爆破的轰隆声带来的是炸得满目疮痍的山体。著名考古学家严文明曾说，安溪的隆隆炮声犹如战场！让考古学家忧心忡忡的，还有往来不停的大型工程运输车的长期碾压，致使土地严重凹陷，极有可能对地下文物带来严重的破坏。

是关闭石矿保护遗址？还是硬着头皮继续开矿卖石？矿山对百姓生活的影响、对良渚遗址的破坏让当地政府痛定思痛，下决心关掉石矿。

然而，想关闭石矿，谈何容易。当时安溪有山林的5个行政村家家户户都有亲属在石矿工作，石矿被村民称作"命根子"。关停石矿后，2000多名靠石矿谋生的村民如何安置？这些石矿企业都拥有合法开采权，投资者的经济损失怎么弥补？镇里的财政收入从何而来？村子的出路又在哪里？

为了子孙后代，为了遗址保护，再难也得关！那时候安溪镇政府大院里每天都聚集着上访的石矿老板和职工，他们甚至把拖拉机、铲车都开了进去。在一次次劝说解释的同时，政府规划了一片500亩的工业区，低价出让给矿山老板用于转型开办无污染的企业。2002年，将已经形成产业气候的良渚工业区搬迁至原勾庄镇区域，将瓶窑镇的工业企业统一搬迁至遗址区外104国道以南的凤都工业区。与此同时，通过以地易地、异地转移的方式，搬迁了莫角山片遗址上的农居和企业。

2002年10月，最后一家也是安溪最大的石矿企业——安溪石料一厂完成关停。至此，安溪镇26座大大小小的石矿都退出了历史舞台。但当时

2002年安溪石料矿场

羊尾巴山遗址周围还有 6 家归邻县德清管辖的石矿暂未关停，依然是每天炮声隆隆。

2003 年的 7 月 16 日，习近平来到良渚。

"良渚遗址是实证中华 5000 年文明史的圣地，是不可多得的宝贵财富，我们必须把它保护好！"在良渚文化博物馆会议室里，习近平的这番话，如重锤般敲在每个与会者的心里。

"影响遗址安全的湖州德清县 6 家石矿场，关停有困难。"有与会者如实汇报。

"明天，就去湖州。"习近平当机立断，次日就赶到湖州调研。很快，这几家石矿场彻底关停。① 从此，整个遗址区周围开始安静了下来，空气也比以前更清爽了。

影响遗址保护的石矿关停没多久，安溪镇政府立马投入了 150 多万元进行矿区复绿整治工作。原来裸露的山体岩石恢复了盎然绿意，良渚遗址区重新回归了宁静祥和。

从不理解到理解，从不认同到认同，从低头只看门前利益到心怀全局意识，人们观念的转变起着决定性作用，而领导干部观念的转变更为关键。

时任良渚遗址管委会副主任的金国平从小就生活在大遗址上，"我的一生跟大遗址有很深的渊源，我想永远守住这个遗产！"2014 年，金国平来到良渚遗址管委会工作。此前，在瓶窑镇工作时，他就曾反对过保护。分管城建工作的金国平，出于城市发展的考虑，曾因项目批复问题与编撰《总

---

① 《干在实处　勇立潮头——习近平浙江足迹》（保护和传承文化遗产是每个人的事），浙江人民出版社、人民出版社，2022 年 6 月出版，第 223 页。

规》的陈同滨"吵过架",甚至还同省文物局领导"吵过架"。金国平说,当时的瓶窑还没有想好往哪个方向发展,这样一控制,保护反而变成了发展的瓶颈,瓶窑镇政府怎么对得起瓶窑老百姓?"现在想起来都觉得惭愧,如果没有当初的保护,良渚遗址可能早就被破坏掉了。"他笑着说。

一直以来,省、市、区(县、市)各级对良渚遗址的保护不遗余力、不惜血本。1999年,104国道彭公村至祥符桥段改道工程为绕开良渚遗址区,决定南移。为此,工程造价增加了1亿余元。

2006年,开始发掘良渚古城遗址。为更好地保护良渚遗址,有关方面又进一步强化了遗址控制范围内的项目管理,确定以古城东、南、北三侧城墙遗址外100米、西城墙外50米为界,不再批新建项目,对已批未建项目做好说服清退工作,对原有建筑严格控制,做到只减不增,确保"中华第一城"得以全面展示。更加严格的管控措施,影响了瓶窑镇两个村500

石矿复绿后

多户农户和 22 家企业单位，涉及区域面积大、人口多、建筑密集。

2013 年《总规》获批，大遗址从控制性保护发展转入了整治性保护发展的轨道。这一年，余杭区下决心对良渚古城遗址上近 600 家农户实施了整体搬迁。搬到了新地方，基础设施、生活环境、生产环境、交通环境都有了很大的提升。为了进一步使良渚遗址核心区块更好地满足申遗条件，2016 年开始，瓶窑镇再次启动拆迁工作，对良渚古城遗址周边几个村约 170 户人家进行拆迁，连有碍视觉的瓶窑大厦也被拆除了。外围水利系统 11 条水坝确定进入申遗范围后，仅在坝上就拆迁了近 100 户人家。

由于遗址范围大，土地指标审批困难，开始时需要以征地为主的大面积建设区块，最后绝大部分改成了流转，瓶窑镇为良渚遗址流转的土地面积达 6000 多亩。根据 2004 年国务院颁布的《关于深化改革严格土地管理的决定》，在符合规划的前提下，村庄、集镇、建制镇中的农民集体所有建设用地使用权可以依法流转。

时任瓶窑镇党委书记吕复春说，建设用地征用完成后，这块地方就要进行考古了，一旦考古有所发现，就不能建设了，需要在周边再征一块地，这就使我们的工作很被动。征用和流转有本质区别，流转是把使用权租过来，但是不给失地百姓买养老保险，而征用是需要给失地百姓买养老保险的。老百姓对养老保险都很重视，都希望土地能够被征用。我们陆续分五六批拆了近 300 户，核心区块涉及长命、大观山、瓶窑社区，坝上涉及西安寺村、窑北村、彭公村三个村落。在这个过程中，我们一律按照指挥部的统一部署，实施完全彻底的阳光征迁，每户人家的情况都公布出来，打消老百姓心里的疑虑和不安，绝不让老百姓认为自己在利益方面吃亏，实现了公平、公正、公开。采取这个政策后，老百姓的满意度日益提高。

由于受遗址保护制约，没有新的投资，留存的企业大多是一些能耗比较高、人员比较多、层次比较低的。拆迁过程中，镇政府按政策劝清了一些低层次的企业。而对于层次高的、符合产业发展规划的，或转型升级后能和大遗址保护协同发展的企业，我们提供土地，促进企业发展。

这一切其实都归结为一点：保护，还是保护。也只有保护，才能有良渚遗址的今天。

3.　管理的创新

2000年5月，良渚遗址迎来了浙江省政协调研组。100多位省政协委员考察了良渚遗址，不尽如人意的保护情况，受到了政协委员们的严厉批评。次月，省政协以常委会建议案的形式，向省委、省政府提交了《关于报送〈政协浙江省委员会常务委员会关于切实加强良渚文化遗址保护的再次建议案〉的报告》，提出"建立良渚文化遗址公安派出所，建立良渚文化遗址专项保护资金并多渠道筹集资金"等建议。同年9月，省委、省政府发了《关于答复省政协常委会关于切实加强良渚文化遗址保护再次建议案的函》，明确了加大对良渚文化遗址的保护力度的若干措施，良渚遗址保护工作得到进一步推进。

其实，从20世纪80年代良渚考古发掘开始，保护工作就已同步展开了。

1981年，省考古所发掘了余杭瓶窑吴家埠遗址并在当地建立了工作站，良渚遗址开始有了长期稳定的考古工作机构。

1987年，余杭县为保护良渚遗址，设立了良渚文化遗址管理所，这是良渚遗址最早的专门保护管理机构。

　　2001年9月，浙江省人民政府从完整保护良渚遗址、提高管理机构行政层级和整合原有相对分散的保护管理资源的战略角度出发，决定设立杭州良渚遗址管理区。管理区范围为调整合并后的余杭区良渚、瓶窑两镇，即原良渚镇、瓶窑镇、安溪镇、勾庄镇、彭公乡，区域面积达242平方千米。同年12月，省政府又批准设立了专门的保护管理机构——杭州良渚遗址管理区管理委员会，作为杭州市政府的派出机构委托余杭区管理。杭州市和余杭区将法律允许范围内的区一级管理、审批等权限，全部授权给良渚遗址管委会。重塑后的良渚遗址保护管理体制中，管委会承担起了良渚遗址保护的主体责任。

　　良渚遗址管理区的设立，无疑是良渚遗址保护管理历史上的里程碑。这种大遗址保护管理的模式，是大遗址保护体制机制的创新，在更高层级、更大范围内，统一协调遗址保护与社会发展事宜，为促进良渚遗址的长远保护提供了保证，开国内大遗址保护风气之先。

2002年3月，杭州良渚遗址管理区管理委员会举行揭牌仪式

2004 年以来，余杭区通过文物保护考核的方法，对保护范围内村、社区的集体经济进行补偿奖励。补偿奖励资金用于美丽乡村建设、村级集体经济发展和社会民生事业改善，让群众共享遗产保护管理的成果，鼓励了群众支持遗产保护的热情。同时，按照"群众自愿、政府引导、规划调控"的方式，通过"外迁安置＋货币补偿"的方式，鼓励外迁区域内的农户有序地向外搬迁。

秉承着"保护为了人民、保护依靠人民、保护成效由人民检验、保护成果由人民共享"的理念，余杭区在全国率先探索建立大遗址保护补偿机制，从新城区土地出让毛收入中拿出 10% 反哺良渚遗址保护；每年安排近 1000 万元资金鼓励各村（社区）开展遗址保护；遗址区外，新建农居点、新辟工业园区，鼓励遗址区内农居和企业外迁，培育文创、旅游等"零污染产业"；遗址区内建筑只做"减法"，与良渚遗址保护和利用无关的建设招商均暂停，保留下来的村落修复净化环境，还原水美草丰的自然风貌……一系列措施应运而生、相继出台，守护了良渚遗址的山山水水。

保护、传承、利用的成果，给良渚百姓带来了环境的明显改善和生活品质的显著提升，推动了周边新型城镇的建设，激发了市民群众的保护热情、保护动能，也更加厚植了良渚遗址保护的群众基础。如今，放眼 42 平方千米的良渚遗址保护区，轻风白鹭、鸟鸣山林。

4. 理解与支持

21 世纪初，良渚遗址管委会还编制并出台了一系列文保区块的规划、控制、管理条例。由于长期受管控制约，大遗址上的基础设施明显落后，生活在大遗址上的老百姓作出了牺牲。

当时，良渚遗址核心保护区内的农民房大多是 20 世纪 70 年代建的，有的是 80 年代的，甚至还有 1949 年前后的房子，那些泥墙平房的裂缝，一只手都可以插进去了。随着人民生活水平日益提高，住房改善已成为保护区内老百姓提高生活质量最强烈的愿望。但这一愿望却因为良渚遗址的相关保护政策而无法得到满足。自 1996 年良渚遗址成为全国重点文物保护单位之后，遗址核心区内一律停止建房，一般保护区也都停止了。几十年来，生活在大遗址上的农民群众，因遗址保护无法改建房屋，有的孩子多的家庭一大家子人挤在一起，孩子长大后结婚也住不上新房，甚至很多住房成了危旧房。他们虽然心里有过不满，有过抱怨，觉得自己"只有保护的义务，享受不到保护的好处"，但是依然选择了默默支持，承受了不小的牺牲。可以说，没有当地老百姓的接受和理解，就没有良渚遗址成功申遗的今天。

保护政策虽然得到了农民群众的接受和理解，但良渚遗址管委会依然在想办法解决遗址区内农户建房的问题。在得到上级文物部门理解和支持的基础上，良渚遗址管委会确立了重点保护区要求建房应当外迁、一般保护区允许原地改建和鼓励外迁并行的思路。对因遗址保护要求而向外迁建的农户给予适当的经济奖励，使遗址区的建房矛盾得到了缓解。随着政府部门的不断努力，以及老百姓的文物保护意识逐渐提高，良渚大遗址的保护和老百姓生活品质的提高实现了"双赢"。

而同时，在长达几十年的良渚遗址保护的征程上，在良渚大地上，民间的保护力量也一直发挥着重要作用，即在"正规军"之外，还有"民兵"。安溪的康烈华就是民间力量的一个代表。

康烈华是瓶窑中学的第一届初中毕业生，他完全靠自学成才，后来做了安溪中学的语文老师，直至退休。康烈华走上文物保护这条路，完全是受舅舅姚今霆的影响。姚今霆是施昕更的小学同学，后来做过安溪小学的校长。现在良渚博物院里展出的施昕更的《良渚》一书，就是姚今霆捐赠的，姚今霆还写过施昕更的生平简历等。姚今霆还是安溪沈括墓的发现者。

20 世纪 80 年代初，康烈华加入了"良渚文化学会"，成了学会最早的会员之一，他还是县文管会的第一批"文保通讯员"。自此后的 40 多个春秋里，他专门从事良渚文化保护和研究工作，有专门著述并发表文章 200 余篇，还主编了 197 万字的《良渚镇志》。1994 年 4 月，良渚文化博物馆开馆前夕，《浙江日报》约康烈华写了一篇介绍良渚文化的文章《良渚文化畅想曲》，之后，该文被杭州市教委选入《杭州市中学语文乡土教材》。

2006 年，康烈华的大儿子康宏果经审批后在自家竹园地（皇姑坟）内建房。在挖墙基时，工人发现了 4 个圆饼状的东西。经过一番思想斗争，父子俩拨通了良渚文管所的电话，报告他们宅基地上挖出了良渚玉璧的事。

随后，良渚遗址管委会在地基上清除松土，之后在那一带，即后来被称为后杨村遗址的区域，一共发现良渚文化时期墓葬 9 座，出土精美玉器 200 多件，大型玉琮、玉璧、玉管、玉镯都有，其中一个削边玉璧与一个玉耘田器还是首次发现。发掘后，专家们认定这是一处规模较大的良渚文化中晚期遗址，是当时良渚贵族的墓地。

后杨村遗址的发现与发掘，出土众多玉器文物，刚好为纪念良渚文化发现 70 周年庆典献上了一份厚礼，时任余杭区委书记何关新代表区委、区政府和良渚遗址管委会在纪念大会上授予了康宏果"文物保护特别贡献奖"，还给予了奖励。

而像康烈华父子这样的人，在良渚、在余杭、在杭州、在浙江、在全中国，只能用"无数"来形容。那些因遗产保护而将企业迁址的人，那些关停石矿的人，那些住房一时得不到改善的人，更多更多的，都是默默奉献的人。在这中间，康烈华只是一个代表，这是良渚得以申遗成功的基础。

5. 总规的博弈

80多年来，有人一辈子翘首期盼，有人已经把一辈子过完了。在他们大半辈子的等待中，良渚古城一直在地下沉睡，不显山、不露水，让人不识庐山真面目。但庐山肯定是庐山，良渚肯定是良渚，因为古城醒来之前，星罗棋布的遗址点已发现了100多处，已经有了良渚遗址群的概念，且有多处已属于国家级、省级文物保护单位，也已多次获得了国家考古新发现大奖。因此，早些年，处在大遗址范围内的乡镇领导和老百姓，不少人一方面翘首期盼，一方面又十分讨厌保护，甚至讨厌有人提申遗。这有如大暑天等台风，台风一来，暑意立消；但台风如果来得过猛，人民生命财产都会受到损害。这真是一个两难的境地，但是台风又是不以人的意志为转移的。

是的，保护和申遗让生活在遗址范围内的老百姓过得束手束脚，很不自在，因为保护与发展形成了严重的矛盾冲突。农民要建新房，企业要扩新厂，小打小闹小动作都不被允许。要动可能就要大动，但大动要等待时机。如今时机终于来了，但时机来了，更大的难度也跟着来了，各种新的博弈又开始了。

其实博弈早就已经开始了。

或许一开始是不能叫博弈的，一开始总是要写到起始阶段，也就是申遗简史的开篇一页吧。

浙江第一次提出良渚遗址申遗是在 2001 年 2 月 21 日。那一天，时任中共浙江省委常委、杭州市委书记王国平和浙江省人民政府副省长鲁松庭以"浙江省良渚遗址群保护领导小组"的名义主持召开了良渚遗址保护专家咨询会。邀请了国家文物局副局长张柏和多位权威专家出席，共商良渚遗址申遗工作大计。会上，省政府向黄景略、张忠培、严文明、李伯谦、李学勤、徐苹芳、俞伟超、傅熹年、王景慧、王瑞珠、毛昭晰、牟永抗等专家颁发了由省长柴松岳签发的浙江省良渚遗址申报世界遗产专家咨询委员聘书。就在这次会上，省政府宣布了浙江省良渚遗址申报世界遗产领导小组名单，副省长鲁松庭担任组长，杭州市市长仇保兴、省政府副秘书长蒋泰维、省文化厅厅长沈才土、杭州市副市长项勤、余杭区区长何关新等担任副组长。

"领导小组"成立后，委托中国建筑设计研究院建筑历史研究所编制了《良渚遗址保护总体规划》《良渚国家遗址公园规划》，委托杭州市城市规划

"领导小组"成立文件

设计研究院、德国斯图加特大学、澳大利亚 HRP 集团公司编制了《杭州良渚遗址管理区总体规划》。

《条例》通过后，省、市、区三级政府也都打开了"钱袋子"，安排了大量专项资金。同时，还比较符合实际地提出了建设良渚国家遗址公园的 3 期计划。

第一期 2001—2005 年，目标是清理莫角山片遗址 9.09 平方千米范围的环境，以此申报《世界遗产名录》。莫角山片遗址含台城宫殿群遗址、反山墓葬遗址、文家山墓葬遗址等，规格最高，且地面违章建筑物较少，所以这个申报目标可很快实现。

第二期 2006—2015 年，向世界遗产委员会作出承诺，清理整个遗址环境。

第三期 2016—2020 年，清理建设控制地带环境，整治环境控制区环境，建成良渚国家遗址公园。

由此来看，良渚遗址的申遗工作早在 2001 年 2 月就已经开始谋划了，而且是由省领导直接挂帅的。此后的十多年里，良渚遗址申遗这件事一直受到省、市、区历任领导的重视。时任中共浙江省委书记赵洪祝在考察时强调要深入挖掘和利用良渚文化，时任中共浙江省委常委、杭州市委书记黄坤明在余杭调研及接见来访专家时也多次强调推进良渚申遗工作。在领导的重视和关心下，良渚申遗工作不断推进，终于盼来了《总规》的出台。

众所周知，《总规》对良渚遗址保护利用和申遗工作具有极其重要的指导意义，也是后来上报联合国教科文组织的申报材料中最基础且必备的文件。也可以这么说，这《总规》就是一，一生二、二生三、三生万物。从另一个层面讲，先有考古发掘和研究，再有遗址的保护，第三才有申遗，而《总规》就是重中之重，都说没有规矩，何以成方圆，没有《总规》，何以谈保护，而没有保护，又何以申遗？

所以，如果要说有博弈，那《总规》就是博弈的核心，也是博弈最后的成果。

曾两度担任良渚遗址管委会主要领导的张俊杰（后担任良渚申遗指挥部总指挥）后来回忆说，2001 年 9 月启动《总规》编制时，他还在区建设局担任负责人。坦白讲，《总规》就是博弈，是需要牺牲和妥协的。从专家角度讲，为了保护良渚遗址，这个保护的圈画得越大越有利于保护。对地方政府来说，保护良渚遗址是义不容辞的责任，但在保护的同时还要谋求发展，没了经济支撑，保护之路只会越走越窄。双方各有立场，从一时看都没有所谓的对与错，就像一对目标一致的矛盾体。就这样，《总规》的编制从启动到定局，一路走走停停，这个圈前后画了 11 年，如算上上报国家

2004 年《总规》评审

文物局批复同意，获省政府批准公布，总共花了 12 年。

这一路，各方有争吵、有磨合，似乎一直在寻找一个契机，寻找一个能互相接受、互相理解的平衡点。当然，博弈还有源自心灵的博弈、观念的博弈，或者说认知高度的博弈。

说到申遗，其实也不能光用"博弈"二字来概括，浙江省文物局副局长郑建华说起这一段感触尤深。特别是在西湖和大运河申遗风生水起、后来者居上的情况下，如果没有一批人在低潮中不忘初心，坚持不懈、积蓄力量、抢抓机遇，就不会有此后国家、省、市、区形成共识、合力推进良渚申遗的大好局面。是的，在良渚保护与申遗工作几陷困境，处于低潮期时，仍有从国家到省、市、区各级的一大批人在默默努力和奋进。那个时期，省文物局做了大量的工作，尤其是协调邀请时任国际古迹遗址理事会副主席郭旃、国家文物局文物古迹司（世界文化遗产司）副司长陆琼等到良渚现场指导。

杭州市园林文物局副局长卓军也反复提到了郭旃的名字，他说杭州的 3 次申遗，都离不开这些专家和领导的指导和支持。

2012 年 5 月 2 日，杭州市委常委、余杭区委书记徐立毅率余杭区四套班子全体领导听取关于《总规》的专题汇报。陈同滨根据团队对良渚遗址跟踪 12 年的成果，以及自己的研究，梳理成了一份报告。听完报告后，徐立毅认为余杭区无论工业、农业，做任何产品，也不及这个文化项目对全国的意义大。所以他建议这个项目要立即启动，这之后的第一件事是加快上报《良渚遗址保护总体规划》，第二件事是立马从余杭区的辖区范围里划出一块土地，从土地财政着手，拍卖款项部分反哺遗址保护。

有几个时间节点，张俊杰记得非常清楚，他心里同样明白，达成共识比什么都重要。对于良渚遗址来说，《总规》越早定越好；对于余杭来说，《总规》其实也是利好，所画的圈可以是"国保"，也可以是"农保"，这就为今后的发展争取到了资源要素。

这一年，余杭区委、区政府发文批转《良渚遗址申报世界遗产工作三年行动计划》。

这一年，余杭区财政第一次安排申遗工作专项经费，区委常委会做出决定，就申遗资金的保障机制进行制度性倾斜安排。

也是在这一年，区政府委托陈同滨团队担纲编制良渚古城遗址申遗文本。

从《总规》文本到申遗文本，良渚申遗跨出了历史性的一步，而这也正是申遗最为关键的两步，也正如田径赛场上的三级跳远，《总规》文本是第一跳，申遗文本是第二跳，现在到了第三跳。

还是在这一年，国家文物局发出《关于〈良渚遗址保护总体规划〉的批复》，原则同意《总规》，不久后，浙江省人民政府批准公布了这个《总规》。

这一年，良渚遗址再次被列入中国世界遗产预备名单。

这一年，省政府正式向国家文物局行文，要求把良渚遗址列为国家申遗项目，省政府还成立了以副省长郑继伟为组长的浙江省良渚遗址申遗工作领导小组。

这一年，国家文物局局长励小捷在听完汇报后对余杭区领导说："这下良渚遗址申遗真的实质性启动了。"

2013年，余杭区下决心对良渚古城遗址上近600家农户实施了整体搬迁。

2014年7月，浙江省委常委、杭州市委书记龚正在会见联合国教科文

2013 年 4 月 10 日古城拆迁动员大会

组织文化助理总干事班德林时，就良渚遗址申遗等具体问题进行了深入交流。

当然所谓的一波三折、峰回路转等武侠小说的套路也都出现在申遗的过程中。

申遗的关键一年是在 2016 年，习近平等几位中央领导批示以后，时任浙江省长袁家军在调研良渚古城遗址申遗工作时指出，要"全力以赴做好良渚古城申遗工作"。良渚申遗工作进入了攻坚克难的三年冲刺阶段。国家层面，国家文物局是世界文化遗产申报的主管部门，局领导和有关部门领导经常亲临一线指导，倾力而为。但对于地方来说，申遗工作千头万绪，时间紧、任务重，不可能事事向国家文物局请示，环环都等国家文物局决策，只能是在国家文物局的指导下，按照经过批准的总体方案，主动作为，逐项落实到位。为做到高效决策、精准决策、临机决断，根据时任省委常委、杭州市委书记赵一德同志的意见，成立了省、市、区三级文物部门领导和专家组成的五人工作小组。这五人分别是：省文物局副局长郑建华、杭州市园林文物局副局长卓军、良渚遗址管委会副主任蒋卫东、省考古所所长刘斌、中国建筑设计研究院建筑历史研究所所长陈同滨。这五人中，前四位都是考古专业出身，既精通业务，又熟悉行政管理，郑建华和卓军二人曾亲历西湖和大运河申遗工作过程，经验丰富；刘斌既是省考古所所长，又是良渚考古的主要负责人；陈同滨是良渚保护规划和申遗文本编制团队的领头专家。此后，举凡管理规划编制、申遗文本确定、保护展示工程方案决策、沟通国际国内专家、博物院改陈、组织验收、迎接国际专家评估以及组织参加中遗遗产大会等，均由五人工作小组研究。特别是在数量众多、纷繁复杂、千头万绪的保护展示工程项目实施过程中的现场决策，在组织地方层面的迎检评估、模拟评估，配合国家文物局的国家层面评估，正式接受国际专家现场评估等环节，决策小组投入了大量精力，承受了巨大的压力，经受了严峻的考验。

值得一提的是，在2017年，已经国家文物局原则同意又获省政府批准公布的《总规》又一次作了调整。2017年3月3日，杭州市和余杭区的主要领导亲自带队到国家文物局去沟通。国家文物局明确提出，要将良渚古城遗址外围水利系统和瑶山遗址一并纳入申遗范围，以便更清楚地讲明白良渚古城遗址的真实性、完整性和保护的有效性。事实证明，国家文物局的判断是正确的，尤其是外围水利系统的纳入，从改写历史的角度着眼，意义更为凸显。但这项工作对当时的良渚遗址管委会来说，意味着之前不少的工作要推倒重来或另起炉灶，而且这都是迫在眉睫刻不容缓的。而申遗的时间节点早已敲定，没有任何回旋余地。当年9月底要向国际组织递交预审文本，2018年1月递交正式文本，2018年9月要接受国际组织现场评估。如果不逆势而上，知难前行，所有的目标口号都会成为一句空话。

张俊杰说，那时白天想起来越想越焦虑，晚上想起来越想越睡不着觉，就怕上级领导托付的重任完不成。不过在张俊杰后来的回忆中，倒是有过一段比较诗意的描述：

> 什么是芳华？芳华就是和一群志同道合的人奔跑在理想的路上，回头有一路的故事，低头有坚实的脚步，抬头有清晰的方向。

6.《总规》诞生记

中国建筑设计研究院建筑历史研究所所长陈同滨与良渚结缘是在2000年，时任余杭市副市长周膺在国家文物局的推荐下找到了她，请她做良渚遗址保护的《总规》。当时，她已经做过几个遗址保护方面的规划，虽然都不是特别大、特别有名气的那种，但她是用生态资源保护的模式来做遗址和文物保护的，不是求"发展"和"开发"，而是注重保护。在国家文物局看来，这个方向是适合良渚文化遗址的，因此向周膺推荐了她。

在为良渚文化遗址编制规划的同时，她的团队先后完成了《高句丽王城王陵与贵族墓葬地保护规划》《敦煌莫高窟保护总体规划》《故宫保护总体规划》等项目。

陈同滨认为做这样的《总规》要从四个方面来考量：

一是立场或定性问题，要把遗产点作为国家不可再生的资源来保护对待，不是在遗产点上去寻找新的经济增长点。

二是工作原则——基于价值的保护管理与利用，所以一定要在遗址的价值研究上下大功夫，切实搞清楚规划的保护对象，不要错漏。

三是规划原则——确定为"整体保护、和谐发展"，其中"整体保护"包括保护与遗址价值相关的所有载体，包括遗址本体、相关环境及其他。"和谐发展"是追求统筹协调遗址保护与遗址所在地的社会可持续发展，包括考虑遗址保护措施与遗产地相关各类保护与发展规划的衔接，如城市总体规划、交通或土地利用专项规划、生态环境保护规划、旅游发展规划等，涉及很多方面，也包括对遗产地居民生活前景提升的探讨。

四是保护原则——对遗址价值载体的保护要符合安全性、真实性、完整性、延续性的要求。

当时良渚《总规》内的保护控制区划达到 111 平方千米，其中 43 平方千米是保护范围，其余是建设活动控制地带。

事实上，在遗产价值没有提炼到一定高度的情况下，这个《总规》不为政府管理部门或各个利益相关方所知晓或达成共识的情况下，是会有争议的。当时人们觉得这个圈画大了，但是从今天来看，特别是从后来的考古发掘看，王城遗址等都在这个圈内，有的甚至已经在边缘地带了，所以圈画大画小，只能是由实践来证明的。

其实当时人们纠结的不是大和小，而是如果在这个划定的遗址保护区内，即使是自家改造厨房，也要上报北京同意了。后来，时任良渚遗址管委会主任张炳火、副主任杜永林到北京去见国家文物局的领导，呈报"实情"，国家文物局的一位副局长最后这样回答他们：我无权修改《文物保护法》。

博弈还得继续，工作都在不断推进。《总规》编制团队根据实际情况，在区划等级方面又做了创新设计，提出大遗址保护的"环境控制区"概念，提出保护范围与建控地带的建设活动控制由国家文物局审定，环境控制区的建设活动控制由省级相关部门审定，这样就把 60 多平方千米的建控地带减少到 30 多平方千米，其余 30 多平方千米的建设活动控制由省级政府管理，希望借此提升大遗址空间管控的可操作性。

后来《总规》编制团队又和良渚遗址管委会就《总规》开展了 8 年的"友好"谈判，对《总规》内容做了局部微调，但总体没变，特别是有关华兴路以东地带的城镇建设用地完全没有退让，确保了良渚古城 6 平方千米的三重向心式布局的完整性。

当时曾经有人提出过，反正这个《总规》没有正式通过，可不可以先不要这个《总规》呢？良渚遗址管委会对这一点倒是很明确的，他们是希望有一个《总规》的，否则工作就没法开展，如果没有《总规》，良渚遗址管委会的职责和使命又从哪里体现呢？

好在到了 2012 年，《总规》终于获得了通过。

那么良渚申遗的难点究竟在哪里呢？

保护和申遗都需要《总规》，而《总规》通过之后就得编撰申遗报告了，这个报告主要是对考古遗产进行价值认定，即良渚文化到底有什么价值？

考古人需要通过考古报告解释考古的价值，但这个解释跟阐释遗产的价值是不一样的。考古人是发现它描述它，而撰写遗产报告的着眼点在于，这处遗产跟人类的关系如何，跟同类遗产比较有哪些特别之处，通俗地讲，就是要拔得比较高一点，要放到全中国和全世界的范围内来体现这处遗产的价值之"高"。

《总规》开始编制时，良渚有 135 个遗址点，但还没有发现王城遗址，始终没有明确它的边界在哪里？ 2000 年后，良渚一带的房地产开发轰轰烈烈，如果没有边界，没有保护区，那一切都不可设想。有关方面也曾希望《总规》编制团队能松一松口，但是他们一直坚持最早的规划，没有退让，因此正如前面所写的那样，直到 2012 年，余杭方面才通过了这个《总规》。

2012 年，这个时间节点很重要，就在这一年，良渚遗址申遗工作正式启动。也正是在这一年，良渚遗址管委会再一次委托陈同滨团队与省考古所、良渚遗址管委会共同编制良渚申遗文本。

7. 良渚遗址的价值是什么

申遗的难关，就是如何让国际古迹遗址理事会的专家理解中华五千年文明。这是一件有难度的事。国际古迹遗址理事会是受联合国教科文组织世界遗产中心委托的专业评估机构。

根据之前世界遗产的标准，如果拿良渚跟同类遗产相比，那还是有些差别的，因为世界上公认的文明标准有三条，第一是国家（城邦），第二是文字，第三是青铜器，而良渚只符合第一条。良渚的文字还没有说服力，虽然早在 20 世纪 30 年代何天行就认为良渚陶器上的图刻就是文字，但此说法仍缺乏说服力。中国和世界公认的甲骨文是在殷墟发掘出来的，距今约 3300 年，而距今 5000 年前有没有文字，还是个谜。但申遗不是猜谜，这个大家都懂的。

还有一条，良渚也没有金属青铜器，但是良渚的玉器非同寻常，且专家研究认为良渚的玉器已经不是一般的佩饰品了，而是上升到了礼器层面，是跟国家的权力和祭祀有关的，这跟青铜器的意义是一样的。

以前讲良渚文明，基本上还处在自说自话的阶段，如果自己宣传当然无妨，但要说给外国人听，尤其是说给外国专家听，按照文明的三条标准来解释良渚遗址，那肯定是解释不清楚的，解释了人家也不一定认可，那怎么办呢？

时任中国社科院考古研究所所长陈星灿提出，能不能不从文明的层面切入，而只是提"人类的复杂社会"，因为这也是流行于国际上的一个概念，国际上在 20 世纪 80 年代就讲"复杂社会"的概念了。

这个"复杂社会"又是什么意思呢？

一是在良渚已经看到了社会阶层的分工，即有种水稻的，也有从事手工业的，不同分工的人连住地也不一样，有的住在城内，有的住在城外，而维持这种分工的基础，就是稻作文明已经发展到了一定的阶段，即我种的水稻不仅能养活我自己，还能养活你，让你能去做其他事情，而这个其他事情又是跟我有关的，后来"国家粮仓"的发现则更具说服力了。二是城市的出现，而且它不是在山脚下，是处在两山之间一块湿地之中，左右 3 千米均等，然后再分王城（中心）、内城和外城，且这个地基有铺垫抬高的痕迹，表明这是人为的，越是高处，就越有可能是王和贵族居住的。这样，良渚古城作为城市空间的特点就有了。

受"复杂社会"的启发，在申遗文本中，陈同滨对良渚的定义是"区域性国家"，而没有直接称良渚是"国家"。

还有一个很重要的特点，就是中国玉文化涉及制度和信仰，像玉琮这样的器物，与权力和祭祀有关，这是良渚文化特有的，既有青铜器的某些功能，又有青铜器所没有的功能。

当然，后来发现的良渚古城外围的水利工程，也写进了申遗文本，前面讲这是补充写进去的。事实证明，这一切也都为国际组织所认同，这也是良渚申遗得以成功的原因之一。

在以往的申遗中，我们时常会有一套自说自话的话语体系，这不仅没有用，而且会误入歧途不可自拔，这方面是有教训的。

元上都申遗时，文本中有这么一句：元上都是元代都城里年代最早的。

最早又怎么了？评审专家马上提出反问。

大又怎么了？年代最古老又怎么了？中国的申遗项目中，国际专家经常会提出这样的反问和反馈。

在我们传统的表述里，往往说什么东西最早、最大，言下之意就是说它是最厉害的。但国际专家经常会接着问为什么？大又怎么了？你需要接着，说明它的社会组织管理能力超强，它才能做到那么大。年代最古老又怎么了？你需要把整个脉络理清楚一一列出来，说明它的地位与意义。

因此，在良渚申遗文本里，就没有用这样极致耀眼的大词。良渚评审时间，大屏幕上出现了这些词：区域性早期国家、城市文明……都是普通人一下子能明白的词汇。

国家文物局专家曾经这样说过，申遗文本要写到普通人都看得懂，因为评委不见得个个都是考古专业的，30多个评委中，考古专家只占很小一部分。

2017年，国际古迹遗址理事会的三位考古专家——道格拉斯·考莫教授（Douglas Comer）、迈克尔·皮尔森教授（Michael Pearson）和莉玛·胡贾博士（Rima Hooja）在北京参加红山文化遗址申遗的研讨会，当时国家文物局通知良渚遗址管委会，是否能主动邀请他们到杭州来。于是，时任良渚遗址管委会副主任陈寿田就赶到北京，主动邀请莉玛·胡贾等三位专家来良渚遗址看看。

2017年4月，国际古迹遗址理事会专家道格拉斯·考莫、迈克尔·皮尔森和莉玛·胡贾参观良渚博物院

　　这三位专家都是国际古迹遗址理事会中一个名为"考古管理专业委员会"的专家，特别是那位印度籍的莉玛·胡贾博士，后来成为良渚申遗的直接"考官"。这三位专家提了一个建议：不要简单使用"文明"这个词来描述良渚。

　　因为文明这个词过于宽泛，中国很多考古遗址都叫文明，这对国际专家来说，缺少了一个实质性的把控。国际上认为文明、文化是含义过于宽泛的词，不利于讨论问题。于是就出现了"复杂社会"的概念，当然"复杂社会"这个概念听上去挺复杂的，但这只是相比较而言的。

　　按照西方物质文明指征，文明有三个标志：城市、金属、文字。这套"文明公式"已经在国际上沿用多年，在中国也一直占据着主导地位。然而，中国的早期文明未必适用这种标准。刘斌也说过，这也是国际学术界对中华文明存在的三个误区："第一个误区是将中华文明作为一个整体来对待，而忽视了中华文明形成之前还存在着多个区域文明；第二个误区是将中原文明作为中国早期文明的唯一代表，而以中原文明的形成作为中国早期文明形成的标志；第三个误区是以青铜器、文字作为判断文明的绝对标准，而将未发现青铜器、未破译文字的文化摒除出文明之列。"

要想成功列入世界文化遗产，需要具备一个足够高的视野，借此才能提出一个对全世界都具有突出普遍意义的价值。假如一座中国宫殿，你跟联合国教科文组织说，这是中国某皇帝登基的地方，所以它很重要，那一定很难入选，因为这只对中国有意义，而对其他国家、对全人类的现在和未来，都没有任何意义。

所以讲述良渚文化遗址价值的时候，绝对不能只说它对余杭当地、对中国人有什么价值和意义，而是要说明它见证了过去人类是一种什么样的状态，有什么样的智慧，最终落脚到它对人类的今天和未来有什么启迪意义。

良渚遗址申遗成功对于中国的申遗是具有启迪意义的。它突破了传统的文明认定三要素理论，经由人类学的"复杂社会"理论，为实证中华文明5000年历史提供了学理支撑；填补了世界第三大河长江流域的大河文明空白，促进了长江流域的文明研究；与古尼罗河流域、古印度河流域、两河流域，甚至黄河流域等其他世界古老文明的灌溉农业相比，揭示出长江流域的东亚稻作经济的独特性与极高成就。同时，良渚文化不仅展现了中国特色玉文化的极高成就，还最终将中华文明的起源提早了1000多年，显著提升了中华民族的文化自信。

8. 给总书记写信

回顾申遗历程，有一个里程碑式的时间节点——2016 年 7 月 13 日。这一天到来之后，申遗工作上升到国家任务，形成上下合力，破解了难以破解的难题，将申遗工作推上了快车道，由内而外进入了国际层面，又由外而内迎来国际组织现场评估，最终推上了联合国教科文组织世界遗产平台。

有人事后感慨，刚开始接手申遗的工作，只觉得这件事情很有意义，比较兴奋。但随着对申遗规则的逐步了解，才发现申遗的难度会这么大，申遗的竞争又这么激烈。这里有一个数据，截至 2018 年 7 月，《保护世界文化与自然遗产公约》缔约国已有 197 个，全世界列入世界遗产名录总量才 1092 个，分布在 167 个国家，还有 30 个国家是空白。而良渚文化遗址从 1994 年第一次被列入中国世界遗产预备名单到良渚古城遗址申遗成功，历时 25 年，其间又于 2006 年和 2012 年两次被列入中国世界文化遗产预备名单。这个表述大家应该可以看出，良渚也曾经被剔出过预备名单，这也很正常，申遗也有一个不进则退的规则。

在良渚古城遗址实质性启动申遗时，我国还有 60 个遗产地名录处在申报世界遗产预备名单中，可以想象全世界还有多少遗产地处在预备名单中。而世界遗产委员会规定每年每个申报国最多只能报 2 项世界遗产（其中文化遗产最多 1 项），而且每年总申遗数量控制在 35 个以内。有人据此规则估算，要是我国的预备名单都列入世界遗产，差不多要 338 年才能轮到。想象一下，这有多难？因此，最令人鼓舞的是 2016 年 7 月 13 日，这一天，习近平总书记对良渚古城遗址申遗工作作出了重要批示。

习总书记批示说："良渚遗址发现以来，取得了考古发掘和学术研究的

良渚博物院序厅

重大成果。良渚遗址发现和保护的实践证明，文物遗存的保护是考古学研究的前提，考古学研究是文化遗址合理利用的学术基础。要加强古代遗址的有效保护，有重点地进行系统考古发掘，不断加深对中华文明悠久历史和宝贵价值的认识。申报世界文化遗产工作要统筹安排，申报项目要有利于突出中华文明历史文化价值，有利于体现中华民族精神追求，有利于向世人展示全面真实的古代中国和现代中国。"[1]

习总书记对世界遗产情况了解得非常透彻，深知良渚古城遗址是世界文明之源和中国文明之源，其价值对中华民族步上伟大复兴之路意味着什么，对于我们反复强调的文化自信意味着什么。习总书记2016年的这一次批示，

---

[1] 《干在实处　勇立潮头——习近平浙江足迹》（保护和传承文化遗产是每个人的事），浙江人民出版社、人民出版社，2022年版，第224页。

大大促进了良渚古城遗址的申遗进度。紧接着，刘延东等中央领导来到了良渚，进行现场指导。8月11日，时任省委书记夏宝龙赴余杭良渚遗址调研时强调，要充分认识良渚文明在世界文明史、中国文明史上的重要地位，加强对良渚遗址的有效保护和深入研究，切实担负起展示中华五千年文明史的使命，并要求在申遗的同时，以国家公园为抓手推进良渚遗址保护利用。时任副省长郑继伟、时任杭州市委书记赵一德分别担任省、市良渚古城遗址申遗工作领导小组负责人，属地余杭更是举全区之力全面推进申遗工作。

文脉传承源远流长，我们希望人们永远铭记，在习总书记批示的背后，还潜藏着另一个感人故事。

我们因此特别缅怀已故的老先生张忠培，一位可敬可爱、铁骨铮铮、具有家国情怀的考古学前辈。

张忠培先生（1934—2017）毕业于北大历史系考古学专业，是吉林大学考古学专业创始人，曾任故宫博物院院长，是中国考古学界的泰斗级人物。他与良渚结缘颇深，发掘瑶山祭坛遗址、古城遗址的刘斌，曾任良渚博物院院长的周黎明等都是他的学生，良渚考古工作站至今还活跃着多位他学生的学生。在漫长的良渚遗址考古发掘过程中，他曾无数次来到良渚古城遗址，关心、鼓励、支持、指导，和考古队员一起分析、研究、判断，一次次为考古发掘指点方向，评估价值，甚至对后申遗时代都提出了许多建设性设想。

2017年3月，张俊杰、陈寿田、周黎明等人专程去张忠培老先生家中看望。老先生说："在我死之前，为良渚做了点事，不仅是为良渚，也是为国家。"老先生讲的"这件事"就是给总书记写信。老先生向他们详细讲了给总书记写信的来龙去脉，越讲越激动、越讲越兴奋。

张忠培先生联合考古学界另外三位泰斗级人物宿白（1922—2018）、谢辰生（1922—2022）、黄景略（1930—），给习总书记写信，建议在2019年中华人民共和国成立70周年之际，将良渚遗址这处中华五千年文明的伟大见证，申报为世界文化遗产。

那是2016年6月13日，在原国家文物局局长励小捷先生的帮助下，这封情真意切的联名信被递呈到了习总书记手上。

几位老人当时究竟怀着怎样的心情写下长信，我们可以想象得到。等到历史档案解密的那一天，等到那封信的内容可以完整地呈现于世人面前时，那封信完全可以进入教材，成为爱国主义教育的范文。

9. 遗址遗产监测什么

在申遗工作全面推进的日子里，良渚遗址管委会上下都是紧锣密鼓的氛围。有人形象地比喻，晴日里，"遍地英雄下夕烟"；雨天中，蓑衣笠帽全出动；屋檐下，对接、走访、参观、考察、会商、签约、讲座、培训、展览、演练，以及各种赛事、社区活动，无不热火朝天。打印一份那几年的大事记，合起来就是一本厚厚的书。就如进入了"双抢"大忙时节，任何收获都是来之不易的，何况是三抢四抢更多"抢"！抢保护规划，抢征地拆迁，抢展陈设计，抢项目建设，抢环境整治，抢遗址公园，抢文创发展，抢申遗文本，抢迎检准备——抢时间，抢节点，多线并行，缺一不可。

而在这个状态下成立的良渚遗址遗产监测中心，则是一个全新的事物。遗址遗产监测中心，是联合国教科文组织评估一处遗址被纳入世界遗产名录的一个重要条件，因此也是申遗的一项重要工程。

监测中心的任务是保护良渚古城遗址。在这里，通过技术手段来监测遗址本体，监测对遗址本体有影响的各种环境因素，广泛采集数据。如果某一方面的数据达到一定数值以后，对遗址本体有影响的，就要及时发出预警，通知并协同相关部门采取措施。监测最终的目的是要对遗产本体保护形成预防机制，为保护管理提供科学决策的依据。不过，利用现代监测技术提高保护水平，这在遗产保护领域还处于逐渐成熟的阶段，特别是对良渚这样的特大型土遗址来说，完全还处在摸索阶段。

遗址上目前有 58 处设备，这些设备在遗址本体上会自动采集、传输数据到监测中心。对遗址的水土环境监测有水位监测、水质监测、土温监测、湿度监测等。因为良渚是土遗址，如果水或土有变化，就会影响甚至损害遗址本体。所以对于水土的监测，是很重要的一方面。还有对植被环境数值的监测，因为台风、暴雨、干旱这些极端恶劣天气都有可能对遗址本体产生影响。

对考古发掘过程也要进行监测，发掘之前是什么样子的，发掘过程当中是什么样子的，发掘之后是什么样子的，每一个阶段的情况都要掌握。到了一定的时间，就可以看出这一区域地形地貌的变化，这是对局部遗产形态变化的动态监测。当然，对遗产的整体形态、格局、环境的变化也要进行动态监测。

所有采集到的数据都要汇集到监测中心，所以这里也相当于是一个数据中心，同时也是一个研究机构。对每个阶段采集到的数据，监测中心不仅要主动地进行分析，还需要跟相关机构合作，有了研究成果以后，就可以采取更好的保护措施，最终提高遗址本体永久性保护技术水平。

土遗址保护是一个国际性难题，大家都在探索中。以老虎岭坝体遗址保护为例。老虎岭坝体遗址现在裸露在外面，虽然目前监测中心已经将其小环境、微环境、温度、湿度等纳入监测范围，但是如何让裸露在外的剖面不受风化的影响，管涌、水渗问题产生的原因和如何解决，还有待研究。当时制定的监测方案、应用的监测设备是基于当时水平的最优选择。

监测中心自 2019 年 8 月赶在国际迎检之前完工并投入使用后，已跟气象局、环保局、地震局等许多部门达成了合作，实现相关数据共享。多部门协调，同样还包括良渚遗址管委会系统内部，基础建设方面，游客管理方面，包括游客进入遗址的流动量以及遗址承载限度等，只要跟遗址保护相关的数据，监测中心都要采集，所以就逐步形成了一个很好的协调机制。

档案是申遗的一个必要条件。在国际迎检到来之前，监测中心同步完成了档案中心的建设，成为遗产保护管理及研究的一个重要平台。迎检时，这一举措受到了国内外专家的一致好评。

然而从监测数据落地到具体工作，难免会有矛盾和争议，甚至争议很大。

瑶山遗址地处大遮山南麓，是峡谷中隆起的一块台地，视野开阔清朗，环境极佳。1987 年发掘后，对其本体用水泥罩子进行了保护。30 多年过去了，由于遗址保护的原因，不能随意动土，所以遗址周边的植被非常杂乱，导致遗址被遮蔽。要把瑶山遗址本体展示出来，恢复祭坛的本来面貌，需要清理植被、修路，还要再进行绿化。但瑶山一带的土很珍贵，挖土要经过审批，而别处的土运到瑶山也要经过审批，甚至连运输线路也需要核定。如果运来的土经监测不符合要求，是要被退回的。当时出现了已经倾倒的土壤不符合要求的情况，需要再装回去运走。这样一来，利益冲突就来了。万幸的是大家都知道事情的重要性，在良渚遗址管委会和镇政府的协调下，妥善解决了这一问题。

还有上瑶山的路该怎么修，路两边种什么，当时大家也有不同的看法。

有的人认为应该种麦冬，能让路形清晰，路面显得干净、整齐。麦冬也许适合江南园林，适合美丽乡村，但通往遗址的砂石路蜿蜒在自然山体当中，没有必要刻意把它这么明显地标示出来。有的人觉得应该种草，到一定时间，草垂到路面上，就会很自然地让路隐于环境当中，可能还会有几分远古的气息，令人产生遗址上空光阴流转的错觉。但施工方并不接受这一提议，两拨人产生了很大的分歧。最后只能在妥协中达成一致，瑶山北边的一条路铺草，西边下去以后种麦冬，现在看到的场景就是这样的。草自然生长在路边，麦冬也没有产生非常大的反差，整体感觉还是很不错的。

　　如今人们看瑶山遗址现场，可能会觉得自然风光和文化遗产非常和谐，一切看起来都是那么自然，但是自然的背后也是花了好大的精力去反复思考实践的。做工程是需要赶时间抢速度的，但这毕竟是孕育了五千年文明的土地，在赶和抢的同时，还要多一些耐心，这样才可能把事情做得更好更自然。

瑶山遗址植被

大遗址上劳作的人们，也许是在大遗址上待久了，就如农民常年跟土地打交道，仿佛天生就知道自己所从事的这份工作的意义，他们的责任担当早已转化为自觉而执着的追求，那种相伴而生的从泥土中生长的情怀，仿佛也是与生俱来的，带着远古文明的基因和气息。同时，他们又是新时代的劳动者，新时代遗址保护的开创者，属于新时代的守护人。

10. 走进良渚博物院

在良渚古城被发现、良渚古国被认知、中华5000年文明史被实证的日子里，尤其在申遗工作被推上快车道、各路访客从四方涌来的日子里，奔走相告的人们无不惊叹于良渚先民伟大的创造力，大小媒体几乎齐刷刷地以"石破天惊"置顶，良渚先民的创造力在中华文明之源闪闪发光。

守护也可以是创造，唯有坚守创造，我们才无愧于我们的基因。5000年历史长河奔流不息，终将汇入更具创造活力的大海。

立足价值创新之基石，实现价值创造之飞跃。站在5000年历史长河的这一头，良渚地面上的守护者们正以一种飞翔的姿态实践价值创新，为实现价值创造之飞跃而奋斗。

良渚博物院的陈列改造（以下简称改陈）便是一个很好的例子

良渚博物院发展至今经历了三个阶段。1994年创建的良渚文化博物馆，设在良渚街道，是良渚博物院的前身。从旧馆到新院，从新院到改陈，实现了两个跨越。因表述所需，下文只说改陈。

良渚博物院从它诞生之日起，本质上是一个遗址博物馆，为把良渚遗址考古发掘成果向公众展示而创建，也就是说，一座良渚博物院，就是一部良渚遗址发掘史和良渚文化的缩影。随着考古盘子越做越大，价值提炼越提越高，旧的展览内容和展览形态均已落伍，这大概是启动改陈之初衷。但更大的一个契机是申遗。你看改陈的时间，2017年8月—2018年6月，正是申遗热火朝天之时。据说申遗之初，因为良渚博物院原有展览的局限性，有关部门规划要另建一处展示中心，后来决定改陈了，又把展示中心项目并入了良渚博物院，这就更加重了改陈的重要性，将改陈推上了申遗主体工程，成为重中之重，其面临的考验也异常严峻，就看你如何脑洞大开，发挥你的创造才能，去应对挑战了。

通常说博物馆，大家有同样的感觉，暗暗的、令人望而生畏，不敢亲近。后来大家有机会远行了，有条件走向五湖四海了，发觉境外早已有了好玩的博物馆，有了令人流连忘返的博物馆，博物馆的天地可以带给我们无限的向往。有人说，博物馆是人类文明进步的标志，是城市文明进步的标志，博物馆的多少，可以衡量一座城市文明的高度，而博物馆的模样，博物馆散发出来的气息，博物馆身上的每一个细胞，就如阳光雨露，就

良渚博物院

如土壤，滋养着这块土地上的人们，甚至影响着他们的气质，塑造着他们的灵魂与个性。

艰难，真心不容易。尽管着手博物馆改陈之时已经过无数次头脑风暴，已经煎熬很长时间，但作为申遗主体工程之一，作为良渚古城遗址价值提炼和展示的缩影，改陈牵涉的面太广了，观念与方案难以统一。而那时申遗工作推进的时间节点已经全部敲定，刻不容缓。

对此，李新芳和马东峰有共同的感受。

李新芳是省下派挂职干部，来自省文物局，挂职良渚遗址管委会副主任期间联系良渚博物院工作，恰逢良渚博物院改陈，她便深度介入了改陈工作。马东峰在遗址上工作已达10年之久，曾任良渚遗址管委会的文化产业局局长，改陈阶段还兼任良渚博物院院长。两位都是考古相关专业出身，与良渚博物院改陈工作之价值创造密不可分，他们的改陈思路与重生后的良渚博物院新貌基本可形成对应。

李新芳直截了当地说，既然是改嘛，那就要突破和超越。

李新芳认为，良渚博物院是一座很不错的建筑，有形、有势，简洁大气精致，还曾得过一项国际上的公共建筑奖，所以当初提的理念就是展览风格跟着建筑风格走，不违和。这个思路一旦确定，也就为突破传统博物馆的基调打下了基础。所以现在看到的展览空间，完全是敞开式的，而且还大胆采用了高光，整个展览基调是开放的、通透的、明亮的。这是形式上的突破。

李新芳认为要实现价值创造，关键是内容。决定内容的关键是展示对象，即小众的考古学文化，如何实现大众的传播。向大众传播小众文化，要克服很多困难。小众的考古学文化，没有一定的专业背景知识，普通公众是很难理解的。如何把考古故事传递给大众，实现良渚故事和良渚价值的传

良渚博物院水乡泽国展厅

播普及，需要博物馆人的共同努力。这其实是个世界性的话题，是全世界博物馆人的共同追求。

当时定下的一个基准线是要让高中文化水平的观众都能看懂。现在看来，这一点是做到了。在改陈的过程中，博物院的讲解员因为闭馆没有了具体任务，但他们并没有闲下来，而是一遍遍跟着策展走展线，去了解策展文案及修改过程，琢磨其中的奥妙。讲解员是最接近大众的，他们最清楚普通人想听什么，能够听懂什么。

还有一个方面，一家博物馆，特别是一家遗址博物馆，展览当然是重头，但我们更希望我们的博物馆能够同时成为服务大众的公共文化空间，所以在策展的过程中提前做了谋划。博物院原来也有一个商店，但非常小，不起眼，在改建过程中，就把它当作最后一个展厅来策划设计，希望把文物和现代生活做一个连接。策展人高蒙河老师也说过一个概念：把良渚博物院变成百姓的一种生活方式。这其中蕴含着的就是让上下五千年融会贯通的深刻哲理。

事实上，文物从来不代表着落后，也不仅仅代表着过去，它反映的是那个时期最好的、最精致的、最能体现当时生产力水平的美好追求，它会给当代生活带来很多启示。就拿良渚文物来说，在做文创的过程中，有设计师说，良渚的很多纹饰——包括神徽——可以说是中国最早的文创设计，那些线条，不需要做任何的转化，就能为当代人所喜爱。远古文明和现代文明，上下五千年是可以融会贯通的，一不小心，远古文明也可以引领现代人的时尚，就看你如何去创造。

回顾良渚博物院改陈的全过程，李新芳有一种满满的幸福感和自豪感。她说，有将近四个月，整个团队几乎所有人都放弃了休息，在极度疲乏的状况下完成了改陈任务。虽然连续一个星期每天都熬到半夜，但改陈后开馆的第一天，大家都打起精神应对。那一天闭馆之后大家拍了一张"全家福"，虽然很累，但是每个人脸上都是发自内心的喜悦。这张照片能让人体会到，什么叫工作着是幸福的。

是的，博物院是个系统工程，中外皆然。什么叫创新，什么叫突破，什么叫超越，什么叫创造，什么叫价值创造？不管你怎么叫，必须是原创、首创、独创，但任何创造必然有它的根基，有它的源流，有它的传承，有它的独特性，有它创造的脉络，尤其是遗址博物院这样独特的门类，你不可能天马行空，也许更多可做的是价值的提炼，当思路理清之后，一切都必须建立在扎扎实实的细节打磨之上，呈现出一个精致而完美的模样。当然，这也许是完美主义者的定义。

马东峰肯定也是个完美主义者。他说为了制定改陈设计方案，他们持续争论了近一年时间，总共开了200多次会议，等于说近一年的时间，大部分时间都在讨论，请了各方面的专家，考古的、策展的、设计的、博物馆的，不计其数，且都是顶尖的专家，改陈设计的方案他们全都看过，大家提出了各种各样的意见，过程中真的比较痛苦。具体到实施细则，每一句话的表达，专家都会有很多不同的意见，因为良渚是史前遗址，各自的研究重点不一样，认知也不一样，都有各自的局限性，有时可能就围绕一个标点符号、一个字用什么好，也会翻来覆去争论很多次。后来，马东峰他们采取了一个专家比较认可的方式，即领队负责制。考古有一个比较特殊的情况，每一个项目都有一个领队，这个领队对本项目整体情况比较清楚，他的研究是比较深入的，最后只要大家提不出来很致命的、能够推翻领队的观点的意见，一般情况下都采用领队的意见，然后再通过领队传达给策展人、设计师，最后达成博物院的诉求。

关于打磨的难度，马东峰举了一个英文翻译的例子。

一开始，博物院找上海做文本的人帮助翻译，译者是考古专业出身，而且在国外留过学，但还是译不到位。博物院又请了住在国外的人帮忙审阅，拿回来再请有考古背景的译者把关，但还是没有十足的把握。常常并不是对与错的问题，而是如何更精准的问题。举个例子，关于"太湖"的翻译，之前大家一直认为应翻译成 taihu lake，是一个名叫太湖的湖。但泰山怎么译的，西湖又怎么译的？一比较，问题就复杂了。后来有个长期在英国生活的人，认为要翻译成 tai lake，最后才确定用了 tai lake 的译法。

后来，马东峰碰到一个观众，他正在和他的孩子说，你到这儿来不光能看博物馆，你还能看他们的英文翻译，这里的英文翻译特别精准。当时马东峰心里的感觉是非常好的。

说到价值创造的溯源传承，马东峰的观点听起来特别新鲜。

马东峰认为，良渚人的生活和我们现代人的生活，差别不是特别大。不

观众在良渚博物院参观

像我们原来想象的，五千年前人都是茹毛饮血的，其实当时的生活和我们改革开放之前江南地区的生活没有太大差别，只是当时用的工具是石头的，后来转成铜的，转成铁的而已。最简单的一个例子，新中国成立后为什么农业产量提升了，化肥的使用起了很大作用。我们现在算出来，良渚时期的稻谷产量和1949年前的稻谷的产量没有太大的差别，一亩地也就200多斤。良渚人吃的东西、用的东西和我们现在的生活是挺接近的。

既然博物馆可以是一个学习的环境，也可以是一个休闲和提高自身人文素养的环境，既然我们和良渚人是相通相近的，我们完全可以胆子大一点，就没必要把它做得很神秘。博物馆就是可以亲近的，先有亲近感，再通过学习产生敬畏，那才是真正的敬畏。因此我们希望破除神秘。一神秘，观众会感觉自己隔着很远。我们希望有些东西不光可以看，还可以触摸。有一些文物，当时是想进行裸展的，就是希望观众能摸到它，可以感知它的温度。我们希望将来有机会可以这样做。

是的，良渚博物院已经完全不是传统的模式了，今天如果你去参观，会有不一样的感受。

11. "五子登科"

现在来说说申报世界遗产的过程吧。

按照杭州市园文局一位老领导的说法，申遗的过程可形象地比喻为"五子登科"，就是有五个过程。

第一是排上号子，这个主要是针对国内而言的，就是在已经列入中国世界文化遗产预备名单中排号。良渚遗址早在1994年就曾被列入过中国世界文化遗产预备名单，但由于种种原因，曾从预备名单中被取消。2013年，良渚申遗工作实质性启动。2016年7月13日习近平总书记批示之后，良渚就排上号子了。

第二是送出本子，就是报送申遗文本。这个过程有两个阶段，第一个阶段是2017年9月31日之前，要把预审文本送到世界遗产中心去进行格式等方面的预审，在这之前首先要报国家文物局预审。第二个阶段是2018年2月1日下午5点（格林威治时间）之前，必须把正式文本送到世界遗产中心。

第三是迎接"探子"，就是迎接国际专家现场评估。文本基本形式通过之后，联合国教科文组织世界遗产中心会把申报材料交给第三方评估机构进行评估。先是组织多名专家匿名评估，再派出一名专家，到现场来进行一定时间的考察，对申报点的遗产保护、管理及遗产的真实性、完整性，给出一个评估意见。所谓"迎接探子"就是迎接这位专家。这个过程是在2018年的9月19日—25日这7天时间里完成的，后面会写到这位专家，她就是莉玛·胡贾女士。

第四是说服"班子"，这个班子指的就是第三方评估机构国际古迹遗址理事会。前面说过，国际古迹遗址理事会是世界遗产中心唯一指定评估机构。评估机构汇拢各匿名评估意见和现场评估意见，给出一个综合评估意见。这个综合评估意见分四个档次。

第一档：Yes——建议列入。如果给出这个结论，那基本上就是板上钉钉了。世界遗产的申报，执行到现在为止，还没有发生过给出建议列入的结论而不被列入的先例。

第二档：补充材料。这一档就要看材料能否补充到满意的程度了。

第三档：重新申报。这一档危险性很大，也可能会遥遥无期。

第四档：No——不建议列入。这是被枪毙了。

如果是第一档，那么就可以心安理得地去参加世界遗产大会了。

第五就是"捧回牌子"，那就是申遗成功，皆大欢喜。

这"五子登科"就是形象的申遗工作全部流程。

可以想象，申遗工作不可能是一个人或者几个人就能办好的事情，而是涉及大遗址方方面面的工作。从申遗文本编制到征地拆迁、遗产区环境风貌修复、遗址现场保护展示，再到景观大道建设、安溪集镇改造、遗址公园南入口改造提升，以及良渚博物院陈列改造、良渚遗址遗产监测中心场馆建设、良渚遗址考古与保护中心场馆建设等，就等于申遗工作360度全覆盖。

这其中的好多工作，都是史无前例从未做过的，没有做过就意味着没有经验，比如土遗址的展示，国内几乎没有成功的先例。尽管国内成功申报世界文化遗产当时已有36项，但是每个遗产的特点都不一样，国外也没有如此巨大的土遗址申遗成功的先例。

都说申遗文本主要是讲故事，无非就是按照世界文化遗产的要求讲一个良渚独特的故事，那么，怎样才能讲好这个故事，对大家都是一种考验。虽然有国内有丰富申遗经验的陈同滨团队来担纲申遗文本编制，但还是需要反复、认真地学习，尤其是世界文化遗产的操作指南。要仔细研究它到底对世界文化遗产是怎么定性的？里面有哪些具体的要求和标准？

"请进来"是一个很高效的学习途径，良渚遗址管委会不仅请国内专家一起讨论，也请了一些国际专家来出谋划策。当时标准的第四条——典范价值比较难切入，专家们就提出，良渚古城很有自身特色，无论是选址还是建造方式，都非常独特。它与水利系统运作紧密结合的空间格局，也是独一无二的，所以它们放在世界早期文明的框架中来看，它具备了作为一个城市的典范意义，是符合第四条标准的。

经过多番研讨、斟酌，最后报送时根据专家的意见，只针对第三条和第四条标准进行了说明，集中凸显良渚最闪亮的地方。据说在评估的时候，有专家就提出，良渚不只符合两条标准，良渚可以符合更多的标准。当然，这是好事。不需要我们再去做补充、解释工作，国际古迹遗址理事会在评估的时候会提出来，良渚还符合什么标准，他们会从他们的角度追加认定。

良渚的申遗文本，200多万字，5330多页，可以说是历年来中国送去申报世界文化遗产文本里最厚的一份。为什么会这么厚？因为良渚的申遗文本附加了很多考古发掘报告，把历年来考古取得的成果都作为附件，完整地呈现了出来。当时压力非常大，5330多页文本，包括英文翻译、图片校对，工作量非常大。

压力最大的是北京21天。

现在想来是一个插曲，当时的考验却犹如上了前线战场。

申报之初，作为地方政府，余杭有余杭的综合考虑，因为想着申遗和

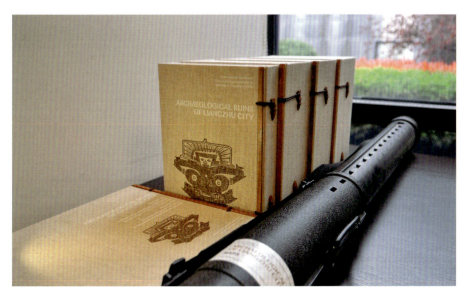

良渚古城遗址申遗文本

今后的发展能够相得益彰，最初申报范围只体现了古城遗址，水利系统和瑶山都没有放进去。

插曲发生在2017年的3月。当时赵一德书记带队到国家文物局去沟通，申遗文本事宜在那次会上，国家文物局非常明确地提出，瑶山祭坛，特别是良渚外围水利系统价值非常高，意义非常独特，申遗不可或缺，一定要放进去。

所以后面不只是风雨兼程，更是不分昼夜。最后提交的预审文本，跟之前带去的文本对照，改动是非常大的。团队小组在北京进行了最后的英文校对和排版印刷，那期间似乎一直在改，一直在赶。其间所有新增的地图，还要报经国家测绘地理信息局审核。这些工作都压在了在北京的21天内。最后把年纪轻的，特别是精通外语的，都压到一线上去了。压力大，睡不着，带病坚持着，有人大把大把掉头发，这些都不是夸张的说法，一切只为了

2018 年 1 月，申遗文本正式递交到巴黎

抢赢时间。

　　高洁就是其中一位典型的代表。高洁是英国伦敦大学遗产管理专业硕士毕业生，导师吉姆·威廉姆斯是丝绸之路申遗项目外国专家组组长。高洁的英语很出色，5330 多页文本校对都是她一人负责到底的。最后的文本经国家文物局报国务院审批、由国务院领导签字批准后，派三人专程送往巴黎世界遗产中心，赢得了一场艰难而漂亮的应急战。

　　但这不过是一个插曲而已，真正的考验是国际迎检，是实战的氛围。

12. 模拟迎检

　　杭州市园文局副局长卓军谈起杭州的三项世界遗产，如数家珍。

　　在良渚申遗的冲刺阶段，卓军曾扮演过一个重要的角色，那就是印度籍专家莉玛·胡贾。那时他用五天时间以莉玛·胡贾的角度，向良渚遗址管委会提问甚至"发难"，把能想到的问题都一一提出来。当时大家都认为，只怕想不到，但凡想到的，都得寻找一个完美的答案，这个答案不仅是口上纸上的，还要能落实到行动上、落实到实际工作中。

之所以让卓军扮演莉玛·胡贾，是因为他在西湖申遗和大运河（杭州段）申遗工作中都扮演了重要角色，特别是西湖申遗，他是全程参与的，积累了丰富的经验。他提供了一份十分有意义的材料——《良渚申遗迎检中可能被专家提问的问题》，一共46条。其中既有常识层面的，比如你们对国际古迹遗址理事会的了解程度有多少？制作一件玉器需要多少工作量，大概年产量是多少？良渚玉器在全世界的收藏情况是怎么样的？也有全面细致的，如没有文字、金属器的情况下怎么界定良渚古城已进入国家文明形态？水利系统的功能有哪些？为什么要花费如此大的人力物力建设如此大规模的水利系统？这些玉器上的精美纹饰在没有金属工具的情况下是如何雕刻出来的？还有关于未来保护规划的，如遗址保护与展示的度怎么把握？有没有开展游客量控制、交通等专题研究？

这些问题已经更多地使用了国际话语体系，而不是关起门来的自说自话。

那些天的卓军就是一位考官，而且整整做了五天，莉玛·胡贾要走的路线他全走过，他提的问题也不只早就拟好的那些。申遗成功之后他接受《杭州日报》采访时是这样说的：

> 很荣幸参加了杭州三处遗产申遗的具体工作，但每一次都是不同的心情。第一次西湖申遗，持续性有机演进景观申遗因类型独特、国内缺乏相关经验，需在不断探索研究中推进，压力很大；

第二次大运河申遗，评估结果不是推荐列入，有不确定性，故很忐忑；本次良渚遗址申遗，初步评估结果很好，是"建议列入"，因此更多的是期待。结果不出意料，很圆满。整个审议过程从陈述、讨论到落槌仅历时十余分钟。世界遗产委员会各成员国的发言多是表达称颂和祝贺。

自 1994 年首次列入中国申报世界文化遗产预备名单，25 年间良渚遗址保护和申遗工作经历了许多波折，在习近平总书记关心下最终申遗成功，实属不易。良渚古城遗址申遗成功，既突破了西方文明体系的常规认识，又对杭州建设世界名城意义非凡。

13. 莉玛·胡贾来了

模拟迎检之后，卓军版的"莉玛·胡贾"走了，真的莉玛·胡贾来了。

莉玛·胡贾是国际古迹遗址理事会委派的良渚古城遗址申遗项目现场评估专家。作为世界考古学界令人敬仰的顶尖大咖，莉玛·胡贾还是国际古迹遗址理事会考古专业委员会前主席，是良渚古城遗址申报世界文化遗产能否成功的举足轻重的人物。

据全程陪同莉玛·胡贾现场评估的蒋卫东回忆，当现场评估接近尾声时，他试探性地问了一句："您是世界遗产这方面的专家，走的地方也比较多，看的遗产也比较多，那么您看看能否从保护和展示以及其他工作方面给我们提些意见，给我们下一步的提升提供一些参考。"

莉玛·胡贾的回复是让他们没有想到的，她说——

我没想到的你们都做到了。

听到这句话，应该说所有的中方人员，都是百感交集。

是的，迎接国际专家现场评估，我们称其为国际迎检，相当于高考的最后一轮模拟考。不一样的是，模拟考万一考砸了，只要高考正常发挥就行，但是国际迎检是不一样的，如果迎检出现问题过不了关，那后面去参加申遗大会，不过就是走个过场罢了。

讲莉玛·胡贾，除了前面提到其扮演者卓军之外，还必须要提到跟她演"对手戏"的蒋卫东。

蒋卫东原是省考古所的一名考古队员，参与过良渚遗址的考古工作，2004 年到良渚遗址管委会工作，接待莉玛·胡贾时，任良渚遗址管委会副主任。蒋卫东曾说过，申遗改变了很多人的命运，也改变了他的命运，他说他当时分管的工作主要是申报世界文化遗产、遗址（遗产）展示和遗产的监测。

2018 年 9 月 19 日，终于迎来了莉玛·胡贾。那时真是绞尽了脑汁，从机场到酒店，一个小时左右，路上聊什么？每天一日三餐都要陪在专家边上又该聊什么？从酒店进出，早饭、午饭、晚饭，这是蒋卫东那些天在反复考虑的。话题都是要事先想过的，既不能重复，也不能过分夸大我们的好，以免弄巧成拙，也不能抛一些敏感话题去聊，以免节外生枝。因此有时往往是天南海北地乱聊，当然多少还是跟主题有关联的，所以接机回来的路上就聊了浙江七山二水一分田的地理环境，钱塘江的江南江北等话题，吃饭时甚至聊到了科幻电影、印度宝莱坞，因为这是容易有共同话题的，莉玛·胡贾聊起这些时兴致也很高。其中有一天刚好是中秋节，之前都下雨，那一天天气变得很好，月光皎洁，杭州市领导设宴招待她赏月，她特别高兴。

在杭州的世界遗产项目中，莉玛·胡贾还担任过运河项目的现场评估专家。但一个专家在一个地方持续考察七天还是第一次，这七天下来，良渚遗址的方方面面基本都看到了。

令人欣慰的是，除了看遗产地之外，良渚遗址管委会还安排莉玛·胡贾进农户、进学校、进社区等进行互动活动。在瓶窑一中，莉玛·胡贾落泪了。瓶窑一中有良渚文化走廊，更有丰富的社团活动，有做玉器的，有做木雕、油纸伞、十字绣的，既丰富多彩，又生动活泼。油纸伞本来就是瓶窑这一带的非遗项目，那天的创意设计加上了良渚文化元素，当两个小孩子把带有良渚文化元素的油纸伞作为礼物送给她的时候，她落泪了。后来交流的时候，她又一次提及，我们在遗产传承、社区青少年教育这一块，做得非常成功，比印度做得好得多。进社区时，杭州师范大学梅巧英老师做

莉玛·胡贾在良渚考察

了一个名为"舞态良渚"的社区教育节目，这个舞蹈能够体现社区的文化自觉。后来，莉玛·胡贾也参与进去，教社区舞蹈演员跳起了印度舞。

事实上，在国际迎检之前，良渚方面一共做了一个总体方案和37个子方案，尽最大可能考虑到了各个方面各种可能性。此前良渚遗址管委会已经进行了三轮演习。三轮都由蒋卫东负责主讲，三轮专家的要求都非常高，第一轮看下来之后，专家说今天你们的表现不合格。那时候遗址上还有部分工程正在施工中，环境也没完全整治好。最后一轮，就是前文讲到的模拟迎检，为了更逼真，甚至都称卓军为"胡贾女士"。每天早晨出来上中巴车到现场，蒋卫东给他逐一讲解，并详细解答"胡贾女士"提出的问题，完全是实战演习。

所以，考察之后，才赢得了莉玛·胡贾走之前说的那句话："我没想到的你们都做到了。"

国际迎检应该说过程还算顺利，蒋卫东和大家都松了一口气。不过，马上又把气提了上去。

14. 去巴黎

近几年，国际古迹遗址理事会也有了新的改变。为了加强和缔约国之间的互动，每年11月评估季允许缔约国派代表到巴黎国际古迹遗址理事会总部，就申报项目的有关问题进行面对面的对话和沟通，一般简称为现场答疑，但多数国家基本还是通过网络视频沟通，之前中国采取的也都是视频沟通。然而良渚这个项目，由于它非同一般的价值，从中央到地方各级领导都非常重视，国家文物局决定由分管副局长亲自带队，组团到巴黎进行现场沟通。

其实这次巴黎之行不仅仅是为了答疑。国家文物局事先做了周密的安排，答疑之后又马不停蹄地拜访了多方人士，从联合国教科文组织总干事到世界遗产中心主任、亚太部主任、非洲部主任、中国驻联合国教科文组织代表，一一进行了拜访，听取了他们对申遗工作的意见。虽说总共只有三天，但这三天基本都充分利用了，有许多额外的收获。

国际古迹遗址理事会是一个非常严谨的学术机构，虽然它可能也有它的政治诉求、政治倾向，但是总的来说作为第三方评估机构，它还是偏重于学术的。

回头细想莉玛·胡贾说的那句话：我没想到的你们都做到了。听了这句话，确实感到很欣慰，深受鼓舞。蒋卫东后来说，我们做得如何就不用说了，她认为我们比她想象中做得好。

而国家文物局领导对此也有很高的褒扬，他们说从来没有一个遗产项目做得让他们这么轻松。一般很多地方迎检都是由国家文物局安排专家来担纲主持大局，甚至承担讲解，很少像良渚申遗这样，组局也好，主讲也好，都由地方的人来承担。

15. 聚焦阿塞拜疆巴库

2019 年 7 月 6 日，第 43 届世界遗产大会在阿塞拜疆首都巴库召开。

为了迎接这个时刻的到来，中国代表团派出了 250 人的强大阵容，占了第 43 届世界遗产大会总参会人数的 1／10。

这支强大阵容中由时任国家文物局局长刘玉珠带队，成员有中国联合国教科文组织全国委员会秘书长秦昌威，中国驻联合国教科文组织代表沈阳、浙江省、杭州市相关领导，还有时任杭州良渚遗址管理区党工委书记、管委会主任张俊杰等。其中浙江代表团约40人，余杭有20多位。

浙江代表团的每个人都提着一口气，都是顶着巨大的压力而去的，万一不成功，那该如何交代呢？

所以，浙江代表团说是去参加会议，实际上在阿塞拜疆当地时间7月4日晚上抵达巴库后，他们一刻也没有松懈下来。尽管之前做了充分准备，还是不放心，大家一直在交流沟通，每个人都进进出出，忙忙碌碌。当地时间7月5日上午，浙江代表团先后拜访了阿塞拜疆巴库市政府、中国驻阿塞拜疆大使馆。下午，匆匆考察了阿塞拜疆巴库相关世界文化遗产后，即赶赴巴库会议中心，先后拜会了联合国教科文组织助理总干事拉米雷斯、联合国教科文组织世界遗产中心亚太部主任景峰，并与中国联合国教科文组织全国委员会秘书长秦昌威、中国驻联合国教科文组织代表沈阳等相关领导会面交流。当天晚上，又拜会了国家文物局局长刘玉珠等领导，还会见了阿塞拜疆华人华侨协会会长包礼军。

在拜会世界遗产大会相关领导时，浙江代表团说的最多一句话是，你们要多支持我们啊！他们都说应该没有问题。但是谁也不敢说绝对没有问题，成功与否，最后要看大会主席手中的槌子。因此，当那个时刻到来，当大会主席手中的槌子落下，良渚古城遗址毫无悬念地得到通过，终于列入《世界遗产名录》时，那一刻，大家心潮澎湃，热泪盈眶，不只民族自豪感油然而生，内心顶着的那股压力也终于随着喜悦的泪水释放了出来！

良渚古城遗址申遗终于成功了！不只成功了，而且还成为第43届世界遗产大会的高光亮点。在听取完世界文化遗产评估机构国际古迹遗址理事会代表对良渚遗址遗产的真实性、完整性和保护有效性进行的说明后，是委员

第43届世界遗产大会主席阿布尔法斯·加拉耶夫敲响了手中的木槌

国代表发表意见环节。当良渚古城遗址一出，竟然有10个委员国竞相发言，而且大都不是意见，多半是表达祝贺，甚至表示感谢。由此可见，此前那种马不停蹄的宣传是有成效的，各委员国代表对良渚古城遗址情况心中是有数的。

我们仅举几个代表性的发言。

乌干达委员国代表：主席，乌干达感谢国际古迹遗址理事会所做的非常好的报告，关于良渚古城遗址，我们祝贺中国成功提交了这个申报项目，乌干达支持最终的决议草案。

澳大利亚委员国代表：澳大利亚真诚感谢这个遗产的提交申报，该遗产证明了中国古代文化，也提供了考古的证明，而且保护得非常好，我们在屏幕上看到它有关的遗址，出土的玉器非常出色，即便放在世界上来讲也是重大考古发现，是对新石器时代世界遗产的补充。

挪威委员国代表：我们祝贺中国对世界遗产名录的新贡献，良渚古城遗址让我们看到了中国地方文化的魅力，对早期文明、城市规划、宗教信仰体系、水稻种植提供经济发展等研究有重要贡献，中国诞生了一个新的世界遗产，希望能成功管理好所面临的问题，比如旅游的发展等，谢谢！

阿塞拜疆委员国代表：阿塞拜疆真心祝贺中国成功申报了遗产，该遗产证明了长江流域对中国文明起源的贡献，证明了在早期城市文明阶段、城市规划方面所作的贡献是历史上的重大成功，是中国和东亚5000年前成功的文明。我们感谢缔约国和国际古迹遗址理事会所做的工作。

圣基茨和尼维斯委员国代表：圣基茨和尼维斯也祝贺中国提交了这个遗产，这是一个非常卓越的遗产地，我们相信中国会妥善保管这处遗址，为了中国和全人类的福祉，谢谢！

我们仔细分析一下发言的10个委员国，其代表性非常广泛。非洲的五个国家，分别来自东非、南非、北非和西非内陆国，其他五国分别来自大洋洲、北欧、西亚、中美洲加勒比海岛国和南美洲。

聚焦阿塞拜疆巴库，来自不同国家的代表共同见证申遗成功这一重要历史时刻，无论何时回想起来，都是一件令人激动和自豪的事。但对属地政府领导和大遗址上的管理者来说，接踵而来的事情可能会更多，肩膀上的担子依然不会轻松。在申遗成功现场接受记者采访时，张振丰书记说了一句富有诗意的话："愿良渚文明穿越时光落在每个人心里。"这句话成为报道的主标题。但我们能感受得到，这份月光落境般的诗意或者说愿望，带有更多沉甸甸的责任。

16. 越过山顶看到人声鼎沸

良渚古城遗址申遗工作是持续性、团队性的。申遗成功是专家学者、一线考古工作者，以及干部群众多声部合奏的胜利乐章。

自施昕更、何天行开始起步，通往文明圣地的路遥远而漫长。这第一拨朝圣者，远的不说，即便从 1986 年反山的考古发掘算起，也已走过 30 多年。这 30 多年来，我们忘不了走在这支朝圣队伍最前面的两位长者张忠培和严文明。他们是中国考古学界的泰斗，是良渚古城遗址考古发掘的引路人，是古城考古价值提炼的导师，也是申报世界文化遗产强有力的推手。

2017 年 7 月 5 日，张忠培老先生驾鹤西去，这位发起给总书记写信，力促良渚古城遗址于 2019 年申报世界文化遗产的老人，最终还是没能等到申遗成功的这一天。

2007 年良渚古城发现后，严文明先生不顾 75 岁高龄，赴遗址发掘现场考察指导，并亲临新闻发布会现场，向到会的各家媒体全面、系统地总结和评述了良渚古城发现的意义。他说良渚古城的发现对整个良渚遗址的考古工作起着画龙点睛的作用，它改变了原本以为良渚文化只是一抹文明曙光的认识，标志着良渚文化其实已经进入成熟的史前文明发展阶段，并欣然提笔写下"良渚古城，文明圣地"的题词。

2008 年，严文明先生参加"良渚古城考古规划研讨会"，对良渚古城考古规划提出了多学科合作、多角度和全方位研究的要求。2009 年，他又参加了"大遗址保护良渚论坛"，他在讲话中，不仅回顾了良渚遗址考古发现、研究与保护的历程，还对良渚遗址的重要性作了特别的强调，指出良渚遗址的重要性体现为三个方面：第一，良渚遗址的文化发展水平在全国同时期的考古学文化中是最高的，对于探索文明的起源是最有希望的。第二，良渚遗址的范围非常大，内容非常丰富，有中心、有区划，有城墙，有巨型台基和超大型礼制性建筑，有高低不同等级的房屋和许多做得十分讲究的水井，有手工业作坊，有码头，还有祭坛和很多不同等级的墓葬。这在全国同时期的大遗址里面没有第二个，非常齐全。第三，良渚遗址至今还保存得比较好，破坏不算太大，地下遗存都还留着，这种情况十分难得。2011年，严先生又以诗篇《良渚颂》全面讴歌、总结了良渚文化高度发达的物质与精神文化成就，以及良渚文化在中国文明起源阶段的突出地位。

前辈们的精神感动着大遗址上辛勤劳作的人们。

在申遗第一线的良渚遗址管委会，是良渚遗址最直接的守护者，当然义不容辞，工作更辛苦一点也是应该的。

当时良渚遗址管委会有个不成文的规定：周六休息，周日加班。之所以周日加班，是因为这一天一般的单位都在休息，所以可以专心致志地做点事情，至少人家不会因为工作而找上门来。良渚遗址管委会的办公楼内有两个大的集体宿舍，但人多不够用，所以很多人有时只能在办公室将就一下。申遗冲刺阶段的工作就像行军打仗，这对良渚遗址管委会的人来说是家常便饭。

时任良渚遗址管委会党工委委员、办公室主任李华总结出了"五感"：自豪感、焦虑感、疲惫感、使命感、成就感。这"五感"基本上代表了良渚遗址管委会所有工作人员经历申遗工作后的共同心声。

总书记批示之后，申遗进入快车道，良渚遗址管委会更是变成了一架转速很高的发动机。周日除了工作会议，还有各种学习，政治学习、理论学习、业务学习，包括申遗规则学习、技术辅导、外语学习。由于工作的特殊性，申遗团队成员组成也非常特殊，一个部门里面既有公务员，又有事业编制、企业编制，既有良渚遗址管委会在编干部，又有组织部门委派来的挂职干部，既有余杭的人，又有杭州的人，既有浙江的人，又有北京的人，是真真正正的协同作战。几乎每天都有令人感动的事发生，因此大家精气神都很足，谁也不敢懈怠。

在遗址工程紧锣密鼓、申遗推进刻不容缓而事情又扎堆而来的日子里，大家始终坚持轻伤不下火线，为打赢那场战争而拼命，即使积劳成疾，连住院治疗或手术也是非到万不得已才安排。

良渚申遗不仅仅是良渚遗址管委会的事情，说大了是党中央、国务院决定的一件大事，是全国人民的大事，全国人民都希望良渚申遗，都在推动着良渚申遗。地方各级党委政府，各级领导、工作人员、老百姓，都在支持、推动着良渚申遗，尤其是遗址所在地的良渚、瓶窑等地的老百姓，也为申遗成功作出了巨大的牺牲，值得被历史铭记。

与此同时，我们看到另一支"朝圣"大军近年来一直往来于通往"圣地"的路上，我们看到遍布世界各地的国际友人在念叨着良渚的名字，而在他们中间，诸多熟悉的身影已成为良渚的朋友，他们的名字可以排成一长串。

联合国教科文组织总干事伊琳娜·博科娃盛赞良渚遗址是"非常了不起的文明遗迹"，为中国政府的保护力度点赞，对中国政府和遗址区利益相关者在大遗址保护方面取得的成功给予了高度评价。

剑桥大学教授科林·伦福儒先生是享誉全球的考古界学术权威。2017年3月21日，他再次来到良渚，在良渚博物院作了题为"世界早期复杂社会视野下的良渚古城"的学术报告，称"良渚遗址是中国大遗址保护的样板"。

原大英博物馆东方部主任、牛津大学教授杰西卡·罗森夫人也是良渚

聚焦良渚

的常客，曾先后4次来到良渚。

　　国际文化景观科学委员会副主席芭芭拉·沃纳女士说："良渚博物院是我所见过的最好的博物馆。"

　　良渚文化遗址的好友名单还可以拉很长很长，因为良渚文化既是中国的，又是世界的。

第四章 | 后申遗时代

2019 年 7 月 6 日这一页翻过之后，依然有花开花落，依然有春夏秋冬，天热了，天冷了，桂花香了，稻子黄了，良渚越来越成为一个网红打卡地，杭州人越来越多地走进遗址公园，拗个造型拍个照，博物院里听完讲座喝杯咖啡，也有越来越多的外地朋友或坐大巴组团来，或自驾过来，虽然人们的活动曾经受到过疫情的影响，但是这实证中华文明五千年的古城遗址还是吸引着越来越多的人。

同样的，申遗成功之后，还是有着许许多多平凡的良渚人，在做着平凡又不平凡的工作，他们中有文保管理者，有专业考古人员，有博物院讲解员，有志愿服务者，在后申遗时代，他们又做了些什么？

1.《总规》的修编

2019 年，良渚古城遗址被列入《世界遗产名录》，这既是一种荣耀，又是一种约束。为什么这样说呢？这意味着良渚不仅是中国的良渚，更是世界的良渚。这就意味着对良渚遗址的保护和管理进入了承担国际义务、履行公认的国际准则的国际视野中。良渚古城遗址申遗的成功，给良渚遗址的保护提出了新要求，浙江省委、省政府对良渚遗址的保护给予了高度重视，时任浙江省委书记车俊多次赴良渚遗址调研，并在省委常委会上强调，要"举全省之力，努力擦亮良渚古城遗址这张世界级的'文化金名片'"。

如何科学有效地保护好这一先民留下的宝藏，弘扬灿烂的良渚文化，是今天的良渚工作者面临的重要课题，也是文明赋予这一代良渚"赶考者"的重任。而重任的重中之重，就是对《杭州良渚遗址保护总体规划》进行重新修编。

因为，任何规划都是因时因地制宜的，说白了，成为世界文化遗产之前，一切工作的中心就是申遗，而现在申遗成功了，那一切问题的核心便是保护好这份遗产。

而保护又需要法律先行。良渚作为实证中华五千多年文明史的圣地，遗址配套的保护管理措施，始终需要随考古发掘新进展而及时优化完善，使良渚古城遗址能得到真实、完整、科学、有效的保护，也为其科学合理的研究利用提供了强有力的依据和借鉴。

从1959年良渚文化被正式命名，到反山、瑶山、莫角山以及古城、水坝等遗址的逐一发掘和确认，良渚遗址的保护管理不断提档升级。2001年，杭州良渚遗址管理区设立，同时成立了良渚遗址管委会，在全国首创以"文物特区"的形式对大遗址进行科学保护、有效管理。

随着良渚遗址保护区划的不断变化以及考古工作的不断推进，2013年，浙江省人民政府发文批准《杭州良渚遗址保护总体规划》（以下简称《总规》），共19章153条，包括总则、遗产概况、遗产价值、遗产现状评估、规划目标原则与策略、保护区划与管理规定、遗产保护规划、遗产环境保护规划、遗产利用规划、遗产管理规划、社会发展协调要求、规划分期、规

启动《总规》修编工作

划实施保障等内容，是良渚遗址保护史上的又一里程碑。

2019 年，良渚古城遗址申遗的成功也给遗址保护提出了更高的要求——保护和利用齐头并进，于是《总规》修编工作正式启动，确定由中国建筑设计研究院有限公司建筑历史研究所为修编单位。

此次修编在上版《总规》实施情况评估以及考古工作成果、遗址所在地社会经济发展情况分析的基础上，重点对拓展保护对象、调整保护区划、优化管理规定、协调可持续发展等规划内容进行了重大调整：即将鲤鱼山—老虎岭水坝遗址的保护规划编制统一纳入《总规》修编中；在原有两个经省政府批复的规划基础上，根据最新的考古重大发现，对保护范围、建设控制地带和环境控制区进行了整合、优化、调整，调整后总区划面积增加了 15.1 平方千米；根据国土空间三条控制线以及遗址本体和风貌管控的要求，充分考虑保护管理工作中的难点问题，进一步优化调整农户建房、部分地块建筑控高等管理规定；针对遗址位于城乡接合部的特点，以遗址完整保护为前提，兼顾居民生产生活需求和城乡发展的可持续性，在生态资源保护、用地调整、居民调控、城乡建设、产业经济、旅游发展等方面制定专项措施。

换言之，修编后的《总规》更加符合实事求是的原则，更科学、更合理，也更人性化，因为一切的一切，都是为了人民美好的生活。

通过《总规》修编，力求实现良渚遗址群价值特征的整体保护；全面提升保护良渚遗址群的管理手段和技术水平；实现在保护前提下遗址的可持续合理利用，充分发挥良渚遗址群的社会价值，助力国家文化软实力提升；形成良渚遗址群保护传承与当地城乡发展、生态环境保护相协调的基本格局等四个方面目标。

《总规》修编工作自 2019 年 11 月启动，在多次研究的基础上，又陆续完成向社会公众公开征求意见、余杭区城乡规划委员会审查、省文物局专家评审、市政府专题会议审查等环节，在时间紧迫、内容复杂、涉及面广的情况下，良渚遗址管委会克服了诸多困难，经过多轮研讨论证、不断优化、完善保护及管理措施，最终顺利地将《总规》修编送审稿报送至国家文物局。规划批复后，将成为后申遗时代良渚遗址保护研究传承利用的法定依据。

2. 此心安处是吾乡

杭州老市长苏东坡在《定风波》一词中有这么两句，一句叫"万里归来颜愈少"，后人化用为"归来依然是少年"；另一句叫"此心安处是吾乡"，这一句是人人都能懂的。这两句词对施昕更的后人施时英来说，是特别适用的。

施时英出生于 1976 年，和良渚结缘以前，他和家人一直在诸暨生活。1994 年，他从园林技校毕业，那时他觉得学园林这一行是大有出息的。可就在他毕业不久，余杭良渚，这个他爷爷生活过、父亲生活过的地方，向他递来了橄榄枝。那时的余杭正在筹办良渚文化博物馆，有关领导说，如果博物馆能够请来施家的后人、施昕更的孙子到博物馆工作，那良渚文化的故事一定会精彩很多，因为施昕更的故事已经足够精彩了，而那时施昕更的儿子施忆良已经退休，所以余杭方面希望由孙子施时英来接过这个接力棒。

经过一番考量，他继承祖父遗志，走上了保护良渚遗址的道路。

良渚古城遗址申遗成功后，对遗址的保护有了更高的标准和要求。作为杭州良渚古城遗址世界遗产监测管理中心遗址管理科科长的施时英，对此更有感触。他们的一切工作都要围绕"文物保护标杆地"的目标，以网格化管理细化保护管理精度，以数字化改革提升保护管理水平，综合统筹，系统协调，形成全面有效的文物安全保护体系。

良渚古城遗址保护范围涉及 24 个村（社区），与社会经济发展，人民群众生活息息相关。因此，细致入微的日常巡查就成为遗址保护不可或缺的一项工作。2020 年，良渚遗址文物安全专职巡防队成立，施时英又有了新的角色，担任起专职巡防队的"领路人"。文物安全专职巡防队主要负责遗址点的巡查及问题处置以及建设项目的"反向监管"。施时英因为对当地情况很熟悉，不厌其烦地带领巡防队员们跑遗址点，打好保护的"基本功"。他还结合工作实际，牵头建立并不断完善《良渚遗址巡防队管理办法》《良渚遗址巡防队考核办法》等制度，使工作流程和队伍管理更加规范。

2021 年，良渚遗址管委会启动了"文物安全 365 工程"，意在构建全天候、全方位、全要素、全过程保护管理体系。在整体保护的基础上，根据遗址性状、风险评估等因素，将遗址保护区域内 300 多处遗址点划分相应管理等级，实行分级管控，建立领导干部分片包干责任制，执行重点遗址巡逻打卡、全员化文保巡查和多部门协同联动机制，通过建立 54 人的专职巡防队伍，并增加巡查警犬扩充到良渚遗址巡防队中，加强"专职巡查＋村

科技助力遗址巡查

犬防

社文保员巡查"制度建设，加强与公安、城管等部门的协作，建立并完善"人防＋物防＋技防＋犬防＋制度防"多维立体安防体系，建立配备巡逻车、无人机、警犬的专职巡防队伍，持续开展文物安全保护工作，构建"政府＋社会""专家＋百姓"的群防群治遗址保护生态圈。

随着全天候、全方位、全要素、全过程保护管理体系越来越成熟，当地群众的文物保护意识逐步提升。村社任何一项建设工程，村民都会主动事先报告文物部门，守护圣地逐渐成为遗产地群众的共识。

与施时英一样对这片土地有着特殊感情的，还有许多生活在大遗址上的群众。良渚古城遗址的大部分土地都在原大观山果园的范围之内，就区域来说是在瓶窑镇，这也是一个古老的乡镇，当时保护的规划是坚持因地制宜的原则，即遗址公园要尽可能地尊重现状，甚至是复原现状，所以园区不少道路就用了原来的机耕路，原来的工厂厂房也用作了服务点，大约有200位当地群众拆迁转岗后仍留在公园内工作。他们为保护遗址作出了牺牲，但同时又有获得感。

这一举措不仅解决了就业问题，还保住了人心的安宁。一般的失地居民往往会有失落感，但是在良渚就不一样，有一位年轻人在公园里开电瓶车，他自学了讲解，人称"电瓶车司机中的秀才"，他的讲解还很受欢迎，因为他会讲自己老家的故事，讲遗址是怎么保护和开发的，还能回答参观者的各种问题。

3. 考古新发现

这是一块神秘的土地，也可以说是一块不可思议的土地。这里的不可思议，指的是在我们熟知的良渚考古已有的辉煌成就之外，新的考古发掘还依然在路上，即辉煌后面并不是句号，而只是一个逗号，从申遗成功到2022年底，主要的考古新发现就有余杭瓶窑北村遗址和余杭跳头遗址。

2021年12月26日，2021年度浙江考古重要发现名单揭晓，北村遗址成功入选。

北村遗址位于杭州市余杭区瓶窑镇，北距良渚古城2千米左右，是一处良渚早期的聚落遗址。2020—2021年，为配合当地基本建设，经国家文物局批准，省考古所对北村遗址进行了发掘，共发掘12000平方米，清理了良渚时期房址25座、灰坑211个、灰沟19条、墓葬141座。

初步判断，遗址北部的北村北地点年代为良渚早期偏晚，南部的北村南地点年代为良渚早期偏早到良渚晚期，二者年代上限均早于良渚古城营建时间。2021年6月，在对北村南地点进行发掘时，发现了一批高等级墓葬，其中M106出土了龙首镯、镂孔兽面纹冠状器、璜串、玉蝉等重要玉器。这些高等级墓葬均分布在发掘区北部的台地上，头向朝南。北村南地点南部的墓葬整体等级较低，随葬品一般为1—3件陶器，偶见石器，只有1座墓葬出土了1件玉器，头向多朝北。在台地南坡底部，发现有一条长灰沟，灰沟北部则分布着一排约30个较大的方形柱坑。以灰沟为界，北部台地与南部地势较低处的墓葬呈现出明显的等级分化。推测灰沟及其北部的柱坑可能为一处大型栅栏或围墙遗迹，起到将台地上的贵族和台地下的平民隔离的作用。

北村遗址是继官井头遗址之后，良渚古城外围的又一次重要发现，揭示了良渚古城建成之前贵族阶层的发展状况，为研究良渚早期社会的发展、阶级分化和探索良渚古城的崛起背景提供了新的资料。

| 玉冠状器 | 玉龙首镯 |

| 玉蝉 |

| 玉璜 |

北村遗址出土文物

　　另一项考古新发现就是余杭跳头遗址。跳头遗址位于余杭区中泰街道跳头村东北，遗址西南为天目山余脉，东北为杭嘉湖平原，遗址处于浙西山地丘陵区与浙北平原区的交界地带，遗址北侧南苕溪自西向东流过，地理位置十分独特。因基本建设需要，经国家文物局批准，杭州市文物考古研究所于2020年7月至2021年12月对跳头遗址进行了考古发掘，总发掘面积约3000平方米，在长江下游地区首次发现晚商时期功能布局比较清晰的铸铜作坊遗址，取得了重要收获。

　　作为长江下游地区一处重要的史前以及商周时期遗址，跳头遗址堆积连续且演化特征明显，文化层年代从良渚文化时期延续至春秋时期，可分为七期遗存。其中晚商时期是遗址聚落结构最清晰，遗存保存状况较好，出土遗物最为丰富的一个时期，并发现有作坊遗迹以及与铸铜活动相关的工

跳头遗址

作（活动）面等，出土有多件保存完好的石范以及青铜器、疑似铜锭、砺石、木炭等与铸铜直接相关的遗存，通过对出土石范的红烧土堆积 1 倒塌堆积的炭样进行碳 14 测年，结果显示其年代为距今 3178—2995 年。

跳头遗址对探索环太湖地区新石器末期向早期青铜时代过渡，青铜时代考古学文化内涵、聚落和社会组织形态、文明演化模式，早期国家起源与发展，长江下游地区与中原等其他区域的互动与交流等问题都具有重要意义。

以上两个遗址的考古发掘，充分说明了良渚考古仍在路上，而对良渚遗址的保护仍是任重道远。

4. 走出去和请进来

先从一部电视片说起吧。

"杭州，位于中国东南沿海，重要的风景旅游城市，被称为人间天堂，入选 2016 年全球十大美丽城市，是中国最宜居城市之一，常住人口超过 1193 万，每年吸引超过 2 亿人次的游客到来。

"29 岁的施舟英就是一个土生土长的杭州人，本科学习汉语言文学的她，毕业后进入良渚博物院工作，现在已经成为博物院的金牌讲解员。

"今年是施舟英工作的第 6 年。一副耳麦，一支激光笔，一身正装，一条丝巾，标准的解说装备。过去 5 年，她累计讲解超过 3900 小时，服务了 6 万多名游客。"

以上文字节选自中央电视台对外频道的宣传片，片名叫《我们正青春》，其中这一节的标题为"施舟英：五千年文明的传播者"，听施舟英讲五千年之后今天的故事，她和良渚的故事，一滴水和大海的故事。

施舟英是余杭本地人，毕业于杭州师范大学，一副邻家女生的样子。

"良渚有没有文字？有没有金属器物？良渚的玉器是怎么做出来的？"施舟英说，这是她入职 6 年以来在跟观众互动时，来自天南海北的人最感兴趣的三个问题，还有就是他们对那个神徽像也饶有兴趣，有着各种各样的猜想。

"讲解有文本，文本有一万多字，把文本熟记于心这只是第一步，因为讲解的最高境界就是因人施讲，你对小学生讲和对大学生讲肯定是不一样的，这个频道是在不断切换的，也许可以这么说，入职以来讲解的三千多场，没有任意两场是完全一模一样的，这倒不是说有什么临场发挥，不是的，而是说针对观众的兴趣点，自己要做很多的准备，尤其是文博岗的讲解，知之为知之，不知为不知，这个知和不知，都是指现阶段的，也许随着考古的不断深入，还会不断有新发现，那个时候可能不知就会变成知了。"

良渚古城遗址申遗成功之后，来良渚参观的人可以说是成倍增加，可是 2020 年初的疫情对博物馆、对文旅行业来讲是一个前所未有的挑战。对施舟英这些讲解员来说，最大的挑战不是来自疫情，因抗疫而闭馆只是最初的事情，挑战来自网络直播，这是一个应对的方式，当时全国有八家博物馆参与了网络直播，除了良渚博物院，比较有影响的还有国家博物馆、苏州博物馆、三星堆、陕西碑林等。众所周知，线下的讲解会有观众的反馈和互动，可是线上直播是完全不一样的，虽然也有弹幕，那就是直面器物和图片，这会有一下子空空荡荡的感觉，而且直播对时间又有比较严格的要求，一个小时内要讲完三个厅。

针对这些挑战，施舟英和小伙伴们想了好多的办法，同时也借鉴学习了网络大咖带货直播的模式，由此也启动了对良渚文创产品的开发，即"文化＋物品"的模式。

文创产品的开发，就包括了由博物院团队自主创作的绘本系列，计有《良良的博物世界》《良良的陶器世界》《良良的玉器世界》《良良的古城世界》《良良与汶汶》等，施舟英在大学时读的就是中文系，有写作的基础，所以也参与到了文稿的编撰团队中。

"五千年厚重的历史，如何勾起小朋友的兴趣？"这是创作者们一开始就思考的问题，为此他们特意塑造了一个八九岁大的小女孩良良，以小孩子的视角带着大家一起走进辉煌的良渚古城。"每一个读绘本的小朋友都是良良，在她带着我们丈量这个五彩斑斓的良渚世界时，小朋友也可以投入其中。"施舟英说这些话的时候也是已经进入了角色，对了，她的小孩下半年也要上幼儿园了，这为她创作"良良"也带来新的灵感和体验。

"良良的世界"是系列童书，接下来还将分不同主题继续出版，还有第

"良良"系列科普绘本

三部的出版计划，将全方位向小朋友们系统展示五千年前的良渚文明以及对我们当代人的影响。良渚博物院还推出了"良良漫游记"系列社会教育活动，把"良良的故事"转化为一系列社会教育课程。

所以这也正是"良良要走出去"这一题目的含义。

从目前看，这些读本颇受小朋友们的欢迎，更为重要的是，这些系列绘本为普及良渚文化起到了春风化雨润物无声的效果。

其实这个系列绘本的项目叫"绘本＋"项目，绘本创作出来之后，关键是这个＋，这就包括了研发亲子课程，走出去，请进来。这走出去就是深入浙江的边缘山区和海岛，包括江浙沪，包括杭州对口支援的湖北恩施，到那里去讲良渚故事，传播良渚文化，与此同时，还创作了小朋友们喜欢的儿童剧，邀请小朋友来扮演剧中角色，这其中"良良漫游记"荣获2021年度全省博物馆十佳青少年教育项目，"绘本＋"项目，获得全球世界遗产教育创新优秀案例。

而在学术研究和高规格展陈方面，良渚博物院也一直站在高地之上。

2022 年，一套"中国早期文明丛书"正式出版，这是中国古代文明研究的专著。良渚作为实证中华五千年文明的圣地，需要与同一时期或较晚时期的古文明有一个横向的比较，既站在良渚，又要跳出良渚来看中国和世界。

多年来，良渚遗址管委会坚持文化交流与学术研究"两条腿走路"，做实、做强良渚学研究，积极推动良渚古城遗址研究工作向着系统化、国际化、纵深化方向发展。

为进一步当好良渚文化的研究者、传承者和弘扬者，良渚研究院着力深化重大课题研究，从做深遗产价值挖掘来解读遗产"基因密码"，探索将良渚文化放在中国古代文明发展脉络的整体进程之中，开展良渚与仰韶、红山、陶寺、石峁、大汶口、龙山、凌家滩等地的跨区域、跨文化的文明比较研究。

近年来，良渚遗址管委会及时总结梳理良渚研究保护过程中的经验做法，累计在国内外权威期刊发表研究论文 30 余篇，编撰出版良渚文化学术专著及科普读物 20 余种，为全世界大遗址保护利用提供了"中国方案"。

权威著作的出版，也为全方位解读良渚文化提供了遵循。"良渚文明"丛书在浙江省文物局的支持下，由省考古所致力于良渚文化考古研究的成员集体编撰完成，记录了几代考古人对良渚文明的全方位解读。丛书共 11 册，内容涵盖了良渚古城遗址、考古历程、良渚玉器陶器、良渚文明与世界文明等多个方面，还有专门将良渚置于世界文明古国之林的中外文明对比，以及媒体看待良渚的妙趣横生的系列报道汇编，清晰地展现出中华文明多元一体的历史进程，帮助大众更深入地理解良渚文明。丛书在 2021 年 7 月获得我国新闻出版领域最高奖——第五届中国出版政府奖提名奖。2023 年 4 月，"伦敦书展"发布了 50 种重点版权图书，"良渚文明"丛书赫然在列，从学术研究的角度，再一次以其深厚的底蕴、独有的魅力，吸引着世界的目光。

近年良渚文化学术研究团队不断拓宽学术研究的深度和广度，先后编撰出版《自然与文化遗产研究》良渚古城专刊、《良渚》融媒体出版物、"大家论良渚"等系列丛书，正式上线良渚文化海外玉器数据库。

此外，学术研究团队还致力于相关考古成果的翻译出版工作。《良渚玉器》英文版出版，《权力与信仰》英文版出版，与南开大学合作开展的《良渚土遗址的微生物群落分析和保护材料研究》课题在国际权威期刊 *Frontiers in Microbiology*（《微生物前沿》）发表，推出《良渚古城综合研究报告》《良渚王国》《反山》《瑶山》《卞家山》《文家山》《良渚考古八十年》等作品的英文版。这些相关考古研究成果外语版的出版，向世界展示了良渚文明研究的最新成果，也为国外考古领域专家深层次了解良渚文化、中华文明提供了强有力的学术支撑。

而更为重磅的是，在 2022 年 4 月 14 日，良渚博物院（良渚研究院）举行了新院长聘任仪式，北京大学考古文博学院徐天进教授受邀担任院长。这是良渚博物院首位外聘院长，此举开创了浙江文博界的先河。

此前，徐天进就此事发表过一个官宣：

> 我是一个考古人，挖了一辈子的土。我是一个教书匠，在北京大学教了几十年的书。我也是一个公众考古的积极推广者，因此与良渚博物院结缘。今天非常高兴和荣幸能够成为良渚博物院的一员。希望在未来的日子里，和良渚博物院的同事们一起努力，把博物院的各项工作做好，不辜负大家的信任，不辜负作为世界文化遗产的良渚遗址

这块具有特殊意义的"金字招牌"！我是良渚博物院院长徐天进，请社会各界朋友继续给予良渚博物院一如既往的支持和关注！

时间到了2022年12月6日，这一天是"郁郁乎文哉——西周晋国玉器精品展"的开幕日，这也差不多是徐天进院长到良渚博物院任职刚好满八个月的日子。现在有一句流行的口号叫"让文物活起来"，徐天进觉得，文物其实一直就是活的，人看不懂是人的问题，而不是文物本身的问题。

据《钱江晚报》记者马黎于2022年12月10日报道，怎么样想办法让文物活起来，这是徐天进来到良渚博物院后一直在想的问题。"美，往往不太需要别人来告诉你。"他想把更多的主动权交给观众，让大家自己去看，去发现美。而展厅可以是一个更纯净的物的展示空间，于是他选择了山西出土的西周玉器。

不过也有人可能会这样认为，山西的文物，和我们杭州和良渚八竿子也打不到，为什么要办这样一个展览呢？而且为什么要用这样一个名称呢？

要说这个还得先说个段子，它来自明代田汝成的《西湖游览志余》。说有位先生教大家读念起了孔子的名句："周监于二代，郁郁乎文哉，吾从周。"结果大家跟着老师把"郁郁乎文哉"读成了"都都平丈我"。这时一个博学大家路过听到，急着纠正错误，结果大家反以为怪，吓跑了。这是当时杭州流行的段子：都都平丈我，学生满堂坐；郁郁乎文哉，学生都不来！

这段杭谚，用在杭州开的一个西周玉器的展览里，又点出了孔子对西周礼乐文明的赞美。孔子讲到西周礼乐制度，认为是在夏、商二代的基础上形成的，到了周则变得更加浓郁、丰富。

其实"郁郁乎"既有浓郁热烈的涵义也含有丰富多样的意思，"文"是礼仪制度，更是大文化的一部分，跟这次展览玉器的精美纹样很契合，其丰富多彩的艺术风格和特征也很能反映西周玉器的整体艺术面貌。徐院长认为周文化的一个特质就是"文质彬彬"，这从器物上我们也能感受到文和质之间的关系，所以就用了这么一个标题来突出主题，也希望能引发观众感受周代的礼仪制度、审美趣味等。

"郁郁乎文哉"是徐天进当院长后策展的第一个展览，在外人看来，似乎不是很"良渚"，实际上，这里有一条暗线，良渚博物院此前已经举办过5次"玉魂国魄"系列展，"郁郁乎文哉"是这个系列的第六次展览，这里有一条中国古代玉文化数千年发展的文脉，而且这还跟徐天进本人的经历有关，徐天进大学毕业后就参加了曲村遗址晋侯墓地的发掘。徐天进曾经这样说道："曲村——这个山西的古老村庄，是我考古生涯真正开始的地方。在这里，我从一个考古专业的学生变成了一个考古专业的教师。从 1982 年到 1994 年的 12 年间，因为参加北京大学和山西考古研究所的合作发掘，我大概在这里前后住了 4 年多时间。1994 年以后也几乎每年都会回去，停留的时间或长或短。为什么？因为考古，因为北京大学在那里安了一个考古之家。"

徐院长在接受澎湃新闻采访时说，晋侯墓地的发现和发掘是中国考古最重要的成果之一，其中组合完整、器类丰富的玉器是这项考古成果中最重要、也是最引人瞩目的构成部分，希望通过对晋国玉器的展示以点带面、以小见大，呈现西周玉文化的整体面貌，也从另一角度诠释以"文"为特征的西周礼乐文明。

徐院长说，早在 10 多年前，良渚博物院就有计划地做中国玉文化的展览与研究。与此次展览同步举行的还有中华玉文化中心第七届年会，重点讨论"良渚玉器玉文化"与"西周时期玉器玉文化"的比较研究。当年张忠培先生倡议成立中华玉文化中心，因为玉是良渚文化最重要的代表性器物，是良渚文明最重要的考古学证据。良渚文化出土了大量跟政治、宗教、祭祀相关的代表权力和信仰的玉器。过去也相继做过红山文化、凌家滩文化、夏朝和东周的玉文化展览与研究。中华玉文化中心年会原本就计划按中华玉文化的发展脉络做成系列展，此次展览是该系列的重要一环。

毫无疑问，良渚博物院和徐天进交出了一份令人满意的答卷。

5. 新技术助力遗产保护

良渚申遗成功之后，文保工作更是被提到了空前的高度，这已经得到了专业且权威的《中国文物报》称赞和认可，据 2022 年 2 月 11 日的《中国文物报》报道，走过良渚遗址遗产监测管理中心的监测大厅，可以看到良渚古城遗址遗产监测预警系统平台正实时地对遗址进行动态监测。

世界遗产监测是履行国际公约的重要内容，是世界遗产保护管理的关键手段，也体现着国家的世界遗产保护管理水平。成为世界遗产的良渚古城遗址，以"世界的眼光，科学的精神"，更加严格地履行国际承诺，实施

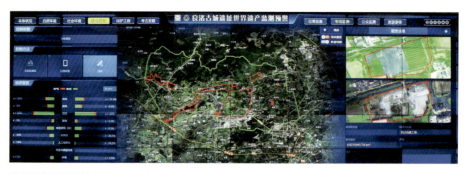

监测预警系统平台

着"精细化、研究化、科技化、智慧化"的监测管理。

良渚遗址遗产监测平台包括多个子系统，涵盖基础数据管理、监测数据采集、监测数据审核、监测数据管理、数据服务与管理、监测业务管理、监测工作监管、监测数据分析评估、动态监测预警等方方面面。同时，多部门"数据共享、快速联动、及时处理"，形成常态高效的数据采集、预警响应处置工作机制；通过遗产管理机构内各部门和省、市、区，甚至国家相关部委的协同，实现了良渚古城遗址的考古、保护、研究、建设管控、旅游管理、社会发展、自然环境、安全管理、遗产教育等数据共享、信息化运行，达到遗产监测、保护、管理有效融合。

土遗址对外部环境较为敏感，保护难度更大。良渚古城遗址从考古发掘那一刻开始，就同步考虑到了保护工作。在老虎岭水坝保护监测点，坝体顶部铺设防渗膜，防止雨水渗透对坝体的破坏，修建排水沟疏导地表水；在坝体表面种植浅根系草皮，既减少雨水冲刷对遗址土体的破坏，又对遗址本体起到标识展示的作用。此外在考古剖面处搭建保护棚，以减轻自然因素对遗址本体展示剖面的破坏……对每处遗址点的监测、保护细之又细。

良渚的这套监测预警系统，就相当于是公安的指挥中心，国家文物局的专家评价这套设备是属于碾压式级别的，即系统的科学性已经是世界领先的。

大家的焦点是如何做遗址南城墙的保护工作。

南城墙在申遗的"现场评估"环节中，是属于一个真实的解剖点，具有真实性、完整性和有效性的"三性"统一，它给人看到的，就是城墙的一个解剖面，它是能让专家和老百姓同时看到的，否则你说这里有王国的城墙，那怎么会有人信你呢？

老虎岭遗址发掘现场

2018 年，来自英国剑桥大学的印度籍教授莉玛·胡贾，是代表国际古迹遗址理事会来进行现场考察的，这位资深的考古教授正是看了这段南城墙之后，回去递交了一份学术考察报告，这份报告对良渚申遗起到了关键的作用。

照一般的做法，城墙的这个解剖面完成"使命"之后，即要重新填埋回去，因为它一旦遇到风吹日晒，肯定会受到破坏和侵袭，因为土遗址的保护特别是南方地区土遗址的保护在全世界都是个难题，目前还没有特别现成的经验，只能是一边学习一边实践，以探索出一条路子来，不过主要的途径是早就明确的，那就是采用两条腿走路：一条是化学保护，一条是物理保护。

如前所述，南城墙是良渚古城遗址内城的城墙构成部分，其建造工艺充分利用自然地势基础，采用底部垫石结构，体现了因地制宜的营建思想，是良渚古人智慧的结晶。南城墙遗址展示点是目前良渚古城遗址核心区中唯一一处完整展示城墙剖面结构的遗址点，对游客了解良渚时期城墙结构、营建技术有着重要作用。

南城墙展示点

2021年5月8日，良渚古城遗址公园南城墙遗址点迎来其进行剖面展示后的首次系统性保护修复工作，保护工程持续两年。修复完成后，遗址本体的面貌将最大限度恢复到遗址出土时的状态，用最"本真"的面貌，向世人诉说五千多年的良渚故事。

修复工作由敦煌研究院文物保护技术服务中心来"操刀"，事实上也面临着一系列难题。因地处潮湿环境，普遍会出现渗水、干裂、表面粉化脱落、失色、生物病害等问题，特别是暴露在空气中的南城墙考古剖面，非常容易受到土壤干湿循环影响，这也意味着对于古城墙遗址采取的保护措施不能一成不变，而要根据遗址保存环境和病害问题实施个性化定制的诊疗方案。

针对南城墙遗址文化层剖面的复杂保存状态和防控瓶颈，良渚遗址管委会与敦煌研究院文物保护技术服务中心（以下简称"中心"）共同合作，结合遗址环境监测和保护技术的积累以及展示设计、规划需求，采用半封闭保护大棚和开放式保护大棚等设备防止降雨冲刷，创造了相对稳定的遗址保存微环境。

在南城墙半封闭遮光保护棚中，利用开放式保护棚实现考古剖面的干燥保护，综合治理遗址土体的生物病害，灌浆加固遗址的疏松和裂隙区域，削除遗址立面的载重区域，并采用地面换填降排水技术治理遗址地面积水情况。根据考古剖面土质和颜色的不同，保护工程还选用不同的土对考古

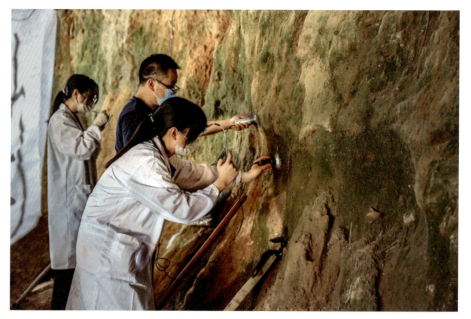

技术人员在对遗址本体进行保护研究工作

剖面裂缝进行修补，并对较深的裂隙进行灌浆，累计进行了 70 个工作日，基本完成了裂缝修补工作。

此次保护工程首次实施潮湿环境土遗址封闭环境保护和降排水处理手段，提出了环境控制方法和指标阈值，为后期同类土遗址保护修复工程提供了宝贵经验。

为了减少降水对南城墙剖面的影响，工作人员在保护棚四周修筑排水沟，在保护棚北侧修筑集水坑。前期勘察发现，暴雨天气时保护棚落下的雨水难以及时排走，会从保护棚东北侧和西北侧倒灌入保护棚内的集水坑，对考古剖面造成威胁。为了解决上述问题，首先在保护棚四周修筑挡土墙，铺设防渗毯，然后覆土回填，并将土修整成向四周斜下的自然坡度，以便于雨水及时倾泻，最后种植八角金盘进行美化。保护棚北侧是一块低洼地，雨季的强降水在此处汇聚形成水塘，与考古剖面底部的渗水有一定联系，为了减少对考古剖面的影响，在此处修筑集水坑，通过大功率水泵将积水自动排到保护棚南侧的灌溉渠中。

针对生物病害，工作人员从遗址现场采集霉菌、苔藓等生物病害菌类，送到实验室进行培养，并进行药剂实验，以便找到灭菌药剂的有效配比。

目前，保护工程完成了所有室内试验、南城墙本体表面微小裂缝修补、大型裂缝灌浆修补、冲沟修补、掏蚀区域预加固处理、保护棚外围防渗排水及绿化、增设积水井等工作，有效防止了南城墙遗址剖面的雨水冲刷、渗漏，保护加固了南城墙遗址本体。

"良渚遗址位于南方潮湿多雨地带，如何保护潮湿环境下的土遗址，是一大挑战。"杭州良渚古城遗址世界遗产监测管理中心主任孙海波介绍说，良渚古城遗址的各遗址点从考古发掘那一刻起，就已经同步考虑到了后续的保护工作，而针对南城墙遗址的各项保护措施，都来自多年以来的实践经验。

老虎岭遗址公园保护展示棚

6. 不一样的遗址公园

到良渚看什么?

良渚博物院肯定是要看的,除了良渚博物院,还能看什么?

这可能是不少朋友都会问的一个问题。

众所周知,良渚古城遗址跟北京故宫、颐和园是不一样的,跟西安的

良渚古城遗址公园全貌

兵马俑、安阳的殷墟也是不一样的。

去良渚当然会去看良渚博物院，但那好像只是一部长篇的序章部分，更为精彩的可能是在天地之间，可是天地悠悠五千年，有时往往眼前一片茫茫然。这个"茫茫然"是指在天地之间，也许你并没有看到什么宏伟的宫殿和城墙，也没有看到什么高大的祭坛或充满传说故事的墓葬。但是到了良渚，去良渚古城遗址公园是个必然的选择。

在那里，你能看见山，看见水，看见土地，看见花草，看见大自然的林林总总，这就是良渚古城遗址公园的基本风貌。虽然看起来像一个野趣盎然的公园，但是却与普通的公园有着本质的区别，它是一个保护、利用、开发和展示文化遗迹的综合工程。遗址公园以莫角山良渚古城遗址为核心，包含反山、汇观山、塘山、瑶山等文化遗址，通过遗址现场的剖面展示、复原展示等形式，形成一个点线面结合的大众化良渚文化认知体系。目前它是中国最重要的大型考古遗址之一，

游客在公众考古区体验

整个公园有 1300 个足球场那么大，这样的规模和内涵，在世界同类遗址中也是极为罕见的，在东方文明发展进程中具有突出的重要意义。

既然是遗址公园，它有两个关键词，一是考古，二是公园。公园的布局都是按照考古的思路来规划的，所以这个公园的建设从一开始，省考古所的专家们就介入了。

在公园中，游客可以看到整个良渚古城的大致形态，良渚居民聚居的自然高地、台墩式的聚落等等。在古城外围，则会更加生态化，水域与自然湿地相结合，展现出当地的自然和文化生态。

关于考古，公园设有遗产展示中心与遗产监测体系，方便考古人员对良渚的后续研究。同时，现场还可能会设有公众考古的区域，每一位对考古和良渚遗址感兴趣的朋友都可以与文物近距离接触，看看神秘的考古工作究竟是怎么进行的。

良渚古城遗址公园将考古遗址本体及其环境的保护、展示、教育、科研、游览、休闲等多项功能融于一体，是对文化遗产资源保护展示利用的积极

遗址公园河道上的雕塑

遗址公园的稻田

探索创新，让良渚古城的丰富内涵和深厚底蕴不断传承永续。

遗址公园以保护为主，但也要有东西可看。

一年四季，良渚古城遗址公园会呈现不同的景致，尤其是夏秋稻谷成熟的时候，真能看到一片金黄的稻田，而正是这些稻谷，几千年来养育了我们的先人和我们的文明，文明也很可能就是从一粒稻种开始的。

良渚遗址作为典型的土遗址，遗址点脆弱、不宜露明展示。因此，公园始终按照"保护第一""最小干预""真实可逆"的原则，在充分尊重遗产真实性、完整性和保护有效性的基础上，借鉴国内外大遗址展示的成功经验，按照"可识别、可逆"的原则，运用绿植标识、模拟复原、小品雕塑、数字演示、场馆展示等手段，科学、立体、全面地展示良渚古城遗址的文明特征、价值内涵。

为增强访客体验，拉近文明与人们的距离，公园在保护的前提下不断开放新点位，向世人展示更为全面的遗址风貌。

2021 年 7 月 8 日，良渚古城遗址"宫殿巨型木构"复原展示区正式对外开放，以 3D 打印技术手段 1：1 复原 6 根木构件，并且根据当年发掘出土时状态摆放位置，用科技手段将良渚古人的"生活痕迹"展示在公众面前。

该展示区位于钟家港古河道蜿蜒在莫角山宫殿区东面。8 年前，考古人员在这里陆续挖出了对良渚遗址考古意义重大的 15 根巨大木构件，其中，体量较大的 6 根木构件被称为"大木作"，它们的真实用途至今仍是未解之谜。为了揭开大木作的身份之谜，考古学界做了许多工作。经过考察研究，这些木构件和 50 米开外的良渚宫殿区营建时间接近，表面可以看到清晰的加工痕迹，有人推测这些巨型木构件或许是当时用来建造恢宏建筑物的原料，并且是通过水路运输来到这里的。如今，人们对于大木作们的猜想始终没有停止。开放"宫殿巨型木构"复原展示，不仅是向大众展示五千多年前良渚先民们朴素、智慧的生产生活，更是以一种开放的态度邀请公众参与其中，一起探寻五千多年前的古老答案。

瑶山遗址

　　瑶山遗址公园位于浙江余杭安溪村，由瑶山、凤凰山、馒头山三座山峰共同组成，占地面积约 0.66 平方千米，核心遗址点为瑶山祭坛和高等级墓地，周边分布有访客中心、凤凰山观景台、馒头山观星台、瑶山果园、"瑶山下的独白"服务点等基础设施。

　　考古研究发现，瑶山遗址的营建使用时间早于良渚古城遗址城址区，是良渚文化早期重要祭祀遗址，在实证中华五千多年文明史的旅程中，有着举足轻重的地位。早在 5300 年前，良渚先民就在这座海拔约 35 米的自然山丘顶部修建了祭坛，主体呈覆斗状，顶部平整，有里外三重土色，用于祭祀、祈福和天文观象，曾是先民与天对话的圣地。祭坛废弃后，这里被用作墓地，埋有 13 座高等级墓葬，在良渚古城遗址已发现墓地中呈现出最为明显的排列规律，是一处仅次于反山王陵的高等级贵族墓地，出土了大量精美的玉器，曾被评为全国十大考古新发现之一。

　　瑶山祭坛和墓地呈叠加状态，复原后是一座方形红土台，访客可以拾级而上，通过透明玻璃地面，近距离观察"坛墓一体"的结构特征。

　　瑶山祭坛与良渚古城遗址城址区的反山、姜家山、文家山、卞家山等一系列分等级墓地共同揭示了良渚古城遗址作为早期国家形态的阶层划分、统一信仰和社会分工等价值特征，是如今展示良渚时期历史环境特征的重要场所，也是除城址区之外的又一文明朝圣地。

　　2022 年 7 月 6 日，第三个"杭州良渚日"，老虎岭遗址公园正式面向公众开放，能让人窥探世界上最早的堤坝系统究竟是什么样子的。

　　良渚先民在选择城的建造之前，就开始兴建了大规模的水资源管理工程。留存至今的遗址不仅揭示了堪称人类早期的水资源管理工程的规模和营建技术，也揭示了水资源管理与城市文明和早期国家之间存在着不可分

老虎岭水坝遗址

割的重大关联。

鲤鱼山—老虎岭水坝所属的谷口高坝系统,位于良渚遗址群西北方向的彭公村,由岗公岭、老虎岭、周家畈、秋坞、石坞和蜜蜂垄六条坝体组成。作为全国重点文物保护单位,鲤鱼山—老虎岭水坝遗址实证了中国早期先民利用和改造自然环境的伟大能力,是良渚古城遗址的重要组成部分。

良渚古城外围水利系统是良渚古城遗址的重要组成部分,也是良渚古城遗址的地理边界,它与良渚古城的生产、生活密切相关,为古城的安全与发展提供了必要的保障,在防洪、蓄水、水运、灌溉等方面发挥了重要作用。同时,它是中国迄今发现的最早的大型水利工程遗址,也是世界上迄今发现的最早的堤坝系统之一。它见证了良渚时期较为科学的水利工程技术和强有力的社会组织能力,也改写了中国与世界的水利史。这一水利系统在坝址选择、地基处理、坝料选材、填筑工艺、结构设计等规划和工程技术方面,体现了中国早期城市与水利工程的整体规划能力及其科学性。

作为良渚古城遗址目前唯一一处对外展示的水利系统剖面,老虎岭水坝遗址公园的开放对世人了解良渚古国的出现和发展,乃至中华文明的起源,都具有极为重要的意义。

7. 窥一斑而知全豹

　　良渚古城遗址公园城址区的核心部分面积为 3.66 平方千米，主要设置了城门与城墙、考古体验区、河道与作坊、雉山观景台、莫角山宫殿、反山王陵、西城墙遗址、凤山研学基地、大观山休憩区和鹿苑等十大片区。如何最有效率地按图索骥，窥探五千年前良渚王国这一权利与信仰中心的神秘与厚重？也许有心人整理出的这 12 个打卡点可以带来一些灵感。

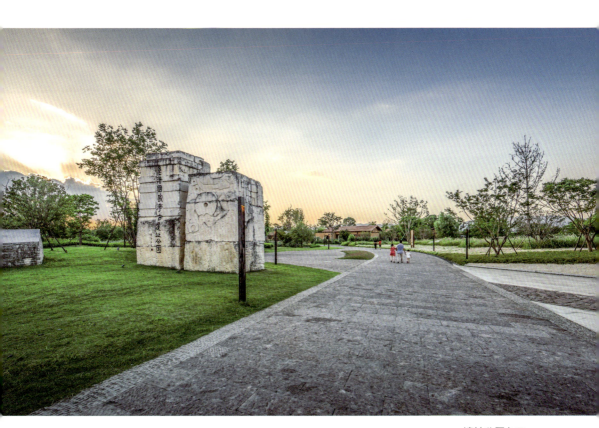

遗址公园入口

第 1 站　良渚古城内城陆城门

良渚古城营建于沼泽湿地之上，河网密布，水系发达，似一座水城。而这里的陆城门，也是城址区目前发现的唯一一座。三座隆起的高台，呈"品"字形结构，连续的城墙分为四个门道，宽度达 150 米。可以想象当年它的气派与巍峨。穿过宽大的门道，即可进入内城区域。

第 2 站　良渚古城内城水城门

水城门分布于城墙四面，每面城墙各有两座，城内、外河道经水门相接，构成了内外水网与水路交通体系。水城门一般宽 30—60 米，两侧矗立的仿木柱子，就是公园对水城门位置和宽度的展示。

陆城门

第3站　南城墙发掘点

良渚古城城墙发现于 2007 年，城墙利用了自然地势，底部铺垫 20—40 厘米厚的石块，上部由取自山上的黄色黏土分层堆筑，全长 6 千米，宽度在 40—60 米之间，保存较好的地段，高约 4 米，不仅可以加固基础，还可以防止地下水对墙体的侵蚀。墙体上有土色明显的分垄现象，说明城墙堆土来自不同的地方。这种用石块铺垫，用黄色黏土堆筑城墙的方法，目前在世界同时代遗址中尚属首见。

第4站　湿地营城展示馆

考古研究表明，良渚古城内外古河道总长度约 31 千米，在古城外围兴建大型水利系统，在城内外有多条人工挖掘的河道，形成了复杂的水上交通网。良渚先民创造性地使用了垫石、堆筑、草裹泥以及护岸木桩等工艺营建古城，反映了在湿地环境中城市和建筑的特色。

第5站　水城中的生活与劳作

考古发掘研究证明，良渚古城内的 20 处人工堆筑的台地，是手工业作坊区，表明这里曾经住着从事手工业的生产工匠。此外，古城内还曾发现过大量动植物遗存，考古研究显示，五千年前良渚先民们的饮食方式，与现今江南水乡的习惯非常接近。游客也可在此体验一把五千年前的工匠手艺活儿。

手工业作坊区

第6站　雉山观景台

雉山是自然山体，海拔30余米，位于良渚古城东北角，是城墙墙体的重要组成部分，连接着东城墙与北城墙。与雉山对应的是凤山，位于城墙西南角，和雉山一起构成了古城的两个制高点。两座自然山体与人工堆筑的城墙有机地融为一体，显示出良渚先民卓越的城市规划能力。

第7站　宫殿区

穿过雉山观景台，在东城墙与北城墙之间走一圈，到莫角山下车点步行。这里是公园内金牌打卡点之一。五千年前的宫殿区就在此处。

莫角山台地位于古城中心，这座高台高10余米，东西长约630米，南北宽约 450 米，面积约为 0.3 平方千米，土方量高达 228 万立方米，高台土层之间没有间歇现象，表明此处应是短时间内堆筑而成的。

同时，在高台顶上还有 3 个土堆，它们分别是大莫角山、小莫角山和乌龟山。3 个土堆中间，是 7 万平方米的沙土广场。站在莫角山台地上，环顾四周一览无遗，有一种"王城尽在掌握"的感觉。

第 8 站　大木作雕塑

在莫角山宫殿区东侧的钟家港古河道内，发现了 10 余个长度 10 余米的大型木构件，大多加工平整。据考古推测，此区域很可能是木料等物资运往莫角山的码头，同时也是为宫殿建设提供木构件的加工厂。

雉山

小莫角山

第9站　莫角山书院

从大莫角山沿着长廊踏级而下，便到达莫角山书院。书院位于何村服务点内，是非营利性的公益场馆。在这里，游客可以在游览间隙阅读书籍，体验陶艺手工等。同时，书院也提供咖啡轻食等综合性配套服务。

第10站　反山王陵

反山王陵位于莫角山宫殿区的西北侧，两者仅一河之隔，却是良渚时期"良渚王"为自己身故后安排的去处。

反山墓地分南北两排，共出土随葬玉器、石器、象牙器、嵌玉漆器、陶器等1200余件（组）。从墓坑排列位置、规格、随葬品的多少与种类上分析，能体现出墓主人生前的地位。

位于墓地中心的 M12，是反山等级最高的墓葬，随葬品也最为丰厚，共出土文物 658 件，其中玉器 647 件，出土了至今为止个体最大的玉琮和玉钺，分别代表神权和军权，证明了墓主人尊崇的地位和无上的权力。

第 11 站　反山王陵展示馆

这座室内展示馆展示了自 1986 年以来，考古工作者在反山遗址发现的 11 座良渚文化时期墓葬，以及出土的石器、陶器、玉器、象牙器、漆木器等 1200 余件（组）。在展示馆内，各种多媒体设备将有助于游客更好地了解反山王陵的前世今生。

反山王陵

第12站　姜家山墓地

姜家山墓地男女墓葬交错分布，既有高等级贵族墓，也有随葬品较少的普通平民甚至小孩墓葬，推测该处为一处家族墓地，在一定程度上反映了良渚社会贵族阶层的家庭结构和家族组织情况。

8. 文旅融合样板地

2022年7月6日，良渚古城遗址申遗成功三周年之际，杭州市召开了世界文化遗产保护传承利用座谈会，在这次座谈会上，杭州良渚遗址管理区党工委书记、管委会主任王姝代表良渚遗址管委会作了一个汇报发言，她提到良渚遗址管委会下个阶段的重点工作，将以融入之江艺术长廊建设为契机，高标准推进以良渚博物院二期、良渚大剧院综合体、良渚绿道三大项目为重点的良渚文化艺术走廊规划建设等，特别是要做好三个方面的工作，一是文物安全"守得住"，二是中华文明"传下去"，三是文化赋能"活起来"。而如何让世界遗产"活起来"，文旅融合样板地的打造给出了答案。

曾几何时，人们对文旅两大系统合并并不看好，但是经过几年的实践，人们发现文中有旅，旅中有文，两者可以互相促进、互相成就。如今，文旅融合不仅是共识，而且也成了一种热潮和趋势。故宫博物院现在成了最热门的打卡点之一，旅游纪念品经过一番创意与包装，变成了畅销的文创产品，哪怕一杯咖啡、一只咖啡杯，都让人津津乐道。

故宫是这样，良渚也是这样，良渚遗址打造文旅融合样板地，如果用一个简单的数学公式来呈现，那就是5000＋1。

　　文旅融合，良渚故事讲得有声有色，如此杭州故事和中国故事便都有了历史的深度和时代的光亮。

　　以往人们总是担心，因为良渚所在的位置，并不在大都市的核心区位，做出来的文创产品，会不会土里土气。然而最近这一两年，但凡去良渚打卡的人，都会被"神人兽面纹"的拿铁拉花、"玉鸟"造型的雪糕、"小鹿"玩偶深深吸引。

　　现在，樱花湖、向日葵花海成为良渚古城遗址公园新晋热门景观；"鹿小铺"移动餐车、池中寺饮品店、反山茶饮店、"瑶山下的独白"咖啡店满足访客餐饮需求；公园智慧导览系统、Vlog自助式留影机、5G数字场馆丰富游客参观体验感……在这里，游客不仅可以体验古老文化与现代生活的交织，更能收获品质、个性、互联网式的旅游新体验。

　　为展示好良渚文化在中华文明璀璨历史星空中的那一道光亮，良渚古

古城研学

城遗址公园立足良渚文化，通过良渚讲堂、良渚研学、良渚文创等良渚特色文化品牌，围绕入城门、南城墙、钟家港、反山王陵、瑶山等考古点位，打造一条集观光、考古、研学于一体的"宝藏线路"，有针对党建群团、学生团队、专家学者团队和国外团队等不同群体的游览专线，有专家带队的串联瑶山祭坛、城址区、水坝遗址的深度探秘专线，也有以考古体验、手工体验、动植物观察为主的亲子专线等。标准化、定制化和个性化的参访线路，打造出了具有独特历史文化意义的"文明朝圣之旅"品牌。

是的，良渚遗址的特点是"地下气象万千，地上土丘一片"，这就不像看故宫、看兵马俑那样直观，甚至跟看三星堆也不一样。那怎么办呢？现在的公园展陈项目，以雕塑小品、木构件复原、草裹泥营建等良渚符号展示，打造具有口碑效应的参访打卡点，不断拉近访客与良渚文化的距离。根据植物孢子分析和动物考古成果，引入梅花鹿打造鹿苑，成为良渚古城遗址网红打卡地，在莫角山宫殿区引入鸽群，在河道作坊区设置公众考古和实验考古区块，打造沉浸式、体验式的考古场景。良渚古城遗址公园使出"浑身解数"，让各年龄段的访客尽享"良渚文化之旅"。

位于钟家港南部的实验考古区，公园从房屋营建，石器、陶器、木器、漆器制作，玉器加工等方面，开展与展示相结合的实验考古活动，例如快轮制陶、陶泥捏塑、搓麻绳、打草栅，访客通过了解这些古老手工艺，也通过体验感知良渚智慧结晶。钟家港北部的公众考古区则是一个更为专业、学习性更强的考古体验基地。参与公众考古的游客可以和省考古所老师学习，共同参与实地文物发掘和淘洗、整理等过程，从专业知识角度入手，体验真实考古过程中的责任与艰辛，从而对良渚文化心生敬畏，进而更好地理解良渚古城遗址作为"实证中华五千年文明史的圣地"的历史内涵。

在拥有了人无我有的特色精品旅游线路之后，良渚古城遗址开始积极探索文旅产业发展的有效路径，力求以良渚古城遗址公园自身的文化效应，带动周边的休闲旅游、文创产业、民宿经济、民俗文化等业态的繁荣，谋划构建属于当代人的高品质文化集聚区。其中，位于良渚古城遗址公园东侧门户位置的良渚文化艺术走廊，作为串联城北文化大走廊的关键一环和链接良渚新城与良渚古城的重要纽带，更是担当起了"深化、联动、激活、互鉴"四大文章的重大项目载体与文化产业平台。

良渚文化艺术走廊东段的梦栖小镇、良渚博物院、美丽洲公园等早已成为众多游客的网红打卡地，文创产业集聚与产融互动效应初显。为更好地拓展良渚博物院的服务功能，丰富游客文化体验，有效整合周边旅游资源，打造可赏、可玩、可游、可居的高品质文化新地标，启动了良渚博物院二期、良渚大剧院项目。未来，这里将形成以演艺剧为核心，以设计艺术为支撑，以休闲游憩业态为服务支点的多元复合型文化产业集聚区。

良渚文创

为进一步提升良渚遗址文旅品牌知名度，良渚古城遗址与西湖、大运河联合推出杭州三大世界遗产串联三日游线路以及杭州"三遗套票"，进一步丰富文旅产品。以"杭州良渚日"为契机，举办三大世界遗产主题文创集市，通过文创产品实现传统文化与现代生活有机结合，形成文化传承合力。举办"我们圆桌会"杭州良渚日特别节目，邀请三大世界遗产保护管理人员、专家学者、市民代表共同探讨如何让世界遗产"活"起来。"梦幻联动"放大"良渚效应"，从良渚文明中衍生出来的产业布局将更加完善，良渚文明的文化符号也将因此更加鲜明。

前面所提到的文旅融合的举措，如果较为仔细地分析，其中有一条那就是在跨界中融合，前面已经提到过一个数学公式叫 5000 ＋ 1，可别小看这个 1，这个 1 就意味着跨界和融合，这个 1 有可能是科技，有可能是旅游，有可能是金融，也有可能是时尚或美食。

截至目前，良渚文创已与中国工商银行杭州分行、中国邮政储蓄银行杭州分行、网易游戏、百泰集团、翡拉拉、西泠文创、娃哈哈、知味观、张小泉、深圳芳新悦享、杭州久禾之美等优质企业合作，横跨科技、金融、黄金珠宝、游戏、旅游等多个行业，文创产品更是涵盖了工艺类仿制品、服饰家居、箱包、首饰、茶具、文具、书籍、邮品、贵金属、酒系列产品、茶系列产品、个人洗护类产品、网络游戏等。其中，良渚文创行李箱纪念版"君琮"助力东京奥运会和北京冬奥会；与工商银行杭州分行合作的"金钰良源"获评首届全国百佳文化创意产品；与百泰集团合作的"良渚福佑"系列产品一经发布便引发大量关注……每一件良渚文创产品的背后，都是对良渚先民"原创"精神的继承与创新，也蕴含着跨界融合、文化碰撞出的火花。

到过良渚遗址的人，对那里的文创空间会有比较深的印象，人们把这样的文创空间，看作是"最后一个展厅"。

"最后一个展厅"良渚博物院文创商店，是都市人诗和远方的栖居地，在这里，一杯小小的咖啡中都隐藏着惊喜，如前所述，咖啡的拉花直接做成良渚神徽像，让游客在可可粉特有的微苦和芳香中感受良渚文化的魅力；

反山站那座茅草尖顶的"原创生活馆"文创空间则是一个美学体验馆，冰箱贴、鼠标垫、遮阳伞……一件件极富良渚文化元素的文创产品应有尽有，既实用又有趣，广受游客好评。此外，在良渚古城遗址公园、瑶山遗址公园以及周边镇街，还有一个个独特而充满魅力的良渚文创空间，正用持续性、有价值的文化输出，为良渚文创发展注入无限动力。

是的，很多时候，我们去一个地方参观，并不仅仅是为了学习知识，有时寓教于旅游，寓教于玩乐，也是一种极好的方式，这可能是文旅融合的最深层次的原因。

尾
声

　　2022年5月，中共中央政治局就深化中华文明探源工程进行第三十九次集体学习。习近平总书记的谆谆教导犹在耳边，源远流长的中华文明博大精深，构筑起中华民族独特的精神标识，深厚的文化根基，鲜活的人文纽带；自强不息的中华民族奋发不已，在筚路蓝缕中栉风沐雨，在跋山涉水间砥砺前行，行走过峥嵘的岁月，遇见过醉美的风景，更创造过有别于世界其他的灿烂文明。

　　"中华文明探源工程"历经20余载风雨，近400位学者携手并肩，累累硕果熠熠生辉：冲破"文明三要素"（冶金术、文字和城市）桎梏，实证中华5000年文明；展现中华文明起源历程，揭示了中华文明丰富内涵；再现各地文明演进情景，揭秘中华文明发展脉络。中华文明探源工程以中华文明为依据，兼顾其他古老文明特点，旗帜鲜明地提出了判断进入文明社会标准的中国方案：生产发展，人口增加，出现城市；社会分工和社会分化不断加剧，出现阶级；权力不断强化，出现王权和国家。由此，在距今5100—4300年前，早期国家出现了，人类一脚踏入了文明社会。

　　时光漫漶里蜿蜒过5000年记忆，文明之初，良渚曾书写下最美的江南诗篇，如今的良渚遗址更是中华文明探源工程四个最重要的区域性中心性遗址之一，为"中华文明探源工程"提出的判断进入文明社会标准的中国方案的典型例证，实证了中华五千年文明史。

2020年，中华文明探源工程进入第五个阶段，作为中华文明探源工程启动之后的成功案例之一，良渚遗址的考古从未停歇，众多未解之谜亟待探寻：太湖流域地大物博，为什么恰好选在这里建城立郭？一千多年的悠悠岁月中，王权更迭间先后几代王？被称为"玉的国度"的良渚，其玉器的数量迄今发现已超15000件，但玉矿在何处，打磨在哪里，流通又如何？先人以刀为笔，在器物上刻下了他们与天地万物的对话，也刻下了他们在世间最初的惊奇，沿着先民留下的痕迹，持续追寻文明最初的那一束光，还原一个活生生的真实的良渚。

顺着良渚古文明的矿脉一路开掘，如星河散落各地的遗址也纷纷重现，星耀世间。从良渚文化时期走出，一路兴盛而至春秋，余杭跳头遗址从天目山余脉蜿蜒而来，绿水迢迢的南苕溪自西向东潋滟流过，低低呼唤着3000多年前那条曾流经过遗址，恩泽过两岸先民，繁荣过一个时代的古河道。锈迹斑斑的青铜斧早已掩尽锋芒，那些数以百计的刀、镰、箭簇、矛头，无不昭示着这个长江下游地区首次发现的晚商时期比较清晰的青铜铸造聚落遗址，有着考古史上的重要意义。从良渚时期延续至春秋时期的文化层，堆积连续且演化特征明显，显示出建立起区域内标尺性年代序列的可能，为构建本地区史前和商周时期文化序列与谱系关系提供新的佐证，为实证中华5000年文明增添更多的例证。

正如发掘了200多年仍在继续的庞贝古城，良渚遗址的考古也一直在路上。

时间的车轮滚滚，行至2023年6月15日上午，杭州亚运会的火种在良渚古城遗址公园大莫角山一瞬点燃，腾腾升起，良渚的文明之光，穿过五千年时空，点燃新时代的亚运之火，在赓续不竭中传承体育精神，凝聚奋进力量。亚运火种采集装置被精心设计成玉璧造型，火种盒的放置台设计成玉琮造型。玉璧和玉琮是良渚文化中汇聚山川精华，凝结先民智慧的重要代表性礼器，玉璧象征太阳的光芒、玉琮象征着神权。采集装置的设计无论是其"天人合一""扶摇直上"的观念和信仰，还是用火种连接过去与未来，都完美契合杭州亚运"心心相融，@未来"的主题。良渚遗址以崭新的姿态又一次亮相，让世界不断认识良渚，更让良渚再次惊艳世界。

良渚文明之火、奥林匹克之火和数字之火深度融合而成的亚运火种，在9月中旬点燃了第19届亚运会火炬，并在浙江11个城市间传递。与此同时，"数字火炬手"也通过"智能亚运一站通"平台，在中国各个城市和亚洲各国、各地区进行线上火炬传递。亚运之火，星耀亚洲，光照大地。

从良渚之光星火初现到钱塘江畔大小莲花盛放，古代文明和现代文明在时空交错中深情拥抱；从奥林匹亚遗址祭坛到莫角山宫殿高台，两大文明在数千年后友好握手。盛世亚运将见证中国和希腊两大文明古国在"和而不同"中走向"美美与共"。

文明因交流而多彩，因互鉴而丰富。早在2000多年前，中国和古希腊就因丝绸之路而交流日盛，兼收并蓄的中华文明，在海纳百川中有容乃大，在收益惟谦中包容开放。

2023年2月，中希文明互鉴中心在希腊雅典成立。而它所推出的"良渚与世界——中希文明对话"活动，更是一个致力于推动中希文明交流互鉴、促进各国文明发展的宽广舞台，在求同存异中探索东西文明的精彩实践。

这也是亚运与奥运的对话。2004年，现代奥运会的火焰回到了阔别

100 多年的希腊雅典，时隔近 20 年，杭州亚运的圣火在良渚古城翩然起舞，同样连结着团结和友爱，传递着勇气和力量，演绎着奋斗和拼搏的火焰，在跨越时空的接力中见证薪火相传，赓续文明之光。

古老的中希文明、现代的奥林匹克精神、未来可期的多元文明互鉴，正在历史、现在和未来中交相辉映，闪耀着美美与共的光芒。

文明之光，照亮五洲四海，文明之火，赓续民族血脉。良渚，如圭如璋，令闻令望。

参考文献

1. 《良渚古城遗址申遗文本》。

2. 周峰主编：《杭州历史丛编》，浙江人民出版社 1997 年版。

3. 良渚博物院、良渚研究院编：《良渚》，东南大学出版社 2020 年版。

4. 施昕更：《良渚——杭县第二区黑陶文化遗址初步报告》（影印本），浙江省教育厅 1938 年版。

5. 何天行：《杭县良渚镇之石器与黑陶》（影印本），吴越史地研究会，1937 版。

6. 余杭县志编纂委员会编：《余杭县志》，浙江人民出版社 1990 年版。

7. 何宝康、周膺编校：《何天行文集》，浙江大学出版社 2014 年版。

8. 何天行：《楚辞作于汉代考》，山西人民出版社 2014 年版。

9. 杭州市余杭区政协文史和教卫体委员会编：《良渚遗址保护口述史》，杭州出版社 2019 年版。

10. 刘斌：《寻找失落的文明：良渚古城考古记》，浙江古籍出版社 2022 年版。

11. 马黎：《看见 5000 年——良渚王国记事》，浙江古籍出版社 2020 年版。

12. 胡文怡：《认识夏鼐：以〈夏鼐日记〉为中心》，上海古籍出版社 2016 年版。

13. 石兴邦：《石兴邦口述考古》，陕西师范大学出版社 2013 年版。

14.《马黎：良渚词典》，浙江古籍出版社 2023 年版。

15. 浙江省人民政府、故宫博物院编：《良渚与古代中国：玉器显示的五千年文明》，故宫出版社 2019 年版。

16. 袁明华、商赟：《越过山顶看到人声鼎沸》，浙江大学出版社 2020 年版。

17. 袁靖主编：《中国新石器时代考古讲义》，复旦大学出版社 2020 年版。

18. 周新华：《良渚寻梦》，杭州出版社 2022 年版。

19. 中国作家出版集团：《中国作家（纪实版）》2020 年第 8 期。

后　记

　　西湖文化景观、中国大运河（杭州段）、良渚古城遗址承载了杭州深厚的历史文化底蕴，是高水平建设历史文化名城的重要资源和依托。为反映其申报世界遗产过程、综合保护历程及有关管理利用工作，杭州市政协组织编撰出版了三卷本"杭州申报世界文化遗产纪实丛书"，以纪实文学的形式，图文并茂地对此作了生动呈现。

　　从提出编撰构想，到正式出版发行，历时一年多。杭州市政协高度重视丛书编撰出版工作，市政协党组会议专题研究编辑出版方案，明确丛书定位、主线、方向、体裁，成立丛书编委会。市政协领导亲自审定写作大纲，多次召开专题会议，听取编撰工作进度，审读全书稿件，提出修改意见。

　　为更好地开展编撰工作，编委会多次召开相关单位负责人会议、编撰工作会议、专家论证会议，筹划丛书编撰，优化书籍大纲；确定了由杭州知名作家组成的撰稿队伍，组建由文史工作者、资深编辑组成的编辑队伍，明确工作责任。初稿完成后，编委会组织申遗、文史、文学、出版等方面的专家学者和相关部门对文稿进行了审读和修改。

　　撰稿团队爬梳各类文献，了解遗产历史，实地考察三项世界遗产，走访相关部门，采访申遗专家、考古工作者、文史学者及申遗工作亲历者，了解遗产保护过程、申遗相关事项、申遗工作经历，获得了丰富生动的第一手资料。撰稿人精心写作、反复打磨，几易其稿，较好地完成了书稿。

编辑团队唯严唯实，不断优化章节排布，合理取舍内容，推敲润色文句，考订相关史实，广泛征集图片，遴选确定配图，精心设计版式，力求做到精益求精。

杭州市园林文物局（杭州市运河综保委）、杭州西湖风景名胜区管委会、良渚遗址管理区管委会、杭州市商旅集团（杭州市运河集团）等单位，积极支持配合编撰团队采访和资料收集，协助提供申遗文本、照片、文件、报道等资料，以及众多生动翔实的素材。有关领导担任丛书编委会副主任或编委，对书稿提出了诸多宝贵意见和建议。

浙江省文物局、浙江省文物考古研究所、中共杭州市委党史研究室（杭州市人民政府地方志办公室）、杭州市规划和自然资源局、杭州市交通运输局、杭州市档案馆、杭州市文联、杭州日报报业集团、杭州出版集团、杭州市运河综保中心、杭州图书馆、杭州市摄影家协会、相关区（县、市）政协等对丛书的编辑出版工作提供了极大的帮助和支持，在此一并致以衷心感谢！

限于水平，疏漏之处在所难免，真诚欢迎广大读者和专家学者不吝批评指正。

编委会

2023 年 10 月

图片提供单位

浙江省文物考古研究所、良渚遗址管理区管委会、杭州日报报业集团

图片作者

吕少波　朱关城　华苗毅　寿小华　严根洪　吴海平　谷志锋

沈金菁　张小建　法　鑫　骆剑强　潘劲草　戴光耀　摇慧敏

（部分图片作者信息在征集过程中遗失，请联系出版社领取稿酬）

图书在版编目（CIP）数据

中华文明圣地：良渚申遗纪实 / 杭州市政协文化文
史和学习委员会编 . –– 杭州：杭州出版社，2023.10
ISBN 978-7-5565-2042-8

Ⅰ . ①中… Ⅱ . ①杭… Ⅲ . ①良渚文化—文化遗址—
保护 Ⅳ . ① K871.13

中国版本图书馆 CIP 数据核字（2022）第 256387 号

Zhonghua Wenming Shengdi

中华文明圣地
——良渚申遗纪实

杭州市政协文化文史和学习委员会　编

责任编辑　王　凯
装帧设计　浙信文化
责任校对　陈铭杰
责任印务　姚　霖
出版发行　杭州出版社（杭州市西湖文化广场 32 号 6 楼）
　　　　　电话：0571-87997719　邮编：310014
　　　　　网址：www.hzcbs.com
排　　版　杭州浙信文化传播有限公司
印　　刷　浙江新华数码印务有限公司
开　　本　710 mm×1000 mm　1/16
印　　张　16
字　　数　190 千
版 印 次　2023 年 10 月第 1 版　2023 年 10 月第 1 次印刷
书　　号　ISBN 978-7-5565-2042-8
定　　价　66.00 元